JOSEF HOMEYER

AUFBRUCH ZU NEUER SOLIDARITÄT

Josef
Homeyer

Aufbruch zu neuer Solidarität

Christen in grenzenloser Gesellschaft

mit einem Vorwort von
Werner Schreer

Bernward

Die Deutsche Bibliothek CIP-Einheitsaufnahme

Homeyer Josef: Aufbruch zu neuer Solidarität:
Christen in grenzenloser Gesellschaft /
Josef Homeyer. Mit einem Vorw. von
Werner Schreer. –
Hildesheim: Bernward, 1993
ISBN 3-87065-724-3

Titelgestaltung: Paul König, Hildesheim
Layout: Lutz Engelhardt, Hildesheim
Foto Umschlagseite: Stefan Branahl, Hildesheim
Satz: O&S Satzteam, Hildesheim
Herstellung: Druckhaus Benatzky, Hannover
ISBN 3-87065-724-3

Inhalt

Vorwort

Meint es die Kirche ernst mit ihrer Botschaft, daß alle Menschen Kinder Gottes und deshalb füreinander Schwestern und Brüder sind?

Die Zeit ist günstig, den Beweis anzutreten. Grenzen fallen, werden durchlässig. Ost- und Westeuropa stehen sich nicht mehr als Blöcke gegenüber, sondern streben an, das eine Europa zu werden. Man spricht nicht mehr abgrenzend von der „Ersten", „Zweiten" oder „Dritten" Welt, sondern weitsichtig von der „einen Welt".

Wie die wachsende Einheit der Welt konkret aussehen wird, ist noch keineswegs auszumachen. Deutlich ist aber, daß der Weg dorthin nur ein gemeinsamer Weg sein kann. Wir leben mehr und mehr in „grenzenloser Gesellschaft", in der die Zukunft aller nur eine Zukunft miteinander sein kann.

Gegen alle Tendenzen von Christen, sich in den Binnenraum ihrer Gemeinde einzuschließen, fordert Bischof Josef Homeyer zu einem „Aufbruch zu neuer Solidarität" auf.

Christen sind gefragt – nicht als distanzierte Zuschauer, nicht als Zwischenrufer, die auf alles schon immer eine Antwort wissen, und auch nicht als Ankläger einer vermeintlich unchristlichen Welt.

Christen sind gefragt, ob sie zu ernstgemeinter Solidarität, zu redlicher Weggemeinschaft bereit sind.
Ob sie „Augen für die anderen" (J. B. Metz) haben, die Not und Leiden erkennen und an sich heran lassen.

Ob sie das Risiko eingehen wollen, auch in den Fremden Schwestern und Brüder zu sehen.

Das Wort „Solidarität“ ist ein Fremdwort. In den Texten dieser kleinen Sammlung setzt sich Bischof Josef Homeyer dafür ein, daß *die Sache* nicht fremd bleibt – wenigstens den Christen nicht.

Hildesheim, im September 1992 *Werner Schreer*

Gott steht nicht abseits

Die Voraussetzung unseres Handelns

Europa, die Welt, steht in einer Umbruchsituation. Grenzen fallen, aber auch neue Grenzen werden aufgebaut – nicht nur politisch, sondern auch wirtschaftlich, kulturell, ethisch, gesellschaftlich.

Soll Kirche, sollen wir Christen hier „mitmischen"? Haben wir in dieser gesellschaftlichen Umbruchsituation einen Auftrag zu erfüllen?

Können wir in diesen säkularisierten Strukturen überhaupt etwas bewirken?

Wie sollen wir Christen uns in dieser Welt und zu ihr verhalten?

Ein Wort des Apostels Paulus (2 Kor 1, 18-22) scheint mir richtungweisend zu sein, es könnte uns sogar gelassen machen, wenn wir es wirklich annehmen: „In ihm (Jesus Christus)", schreibt Paulus an die Korinther, „ist das Ja verwirklicht. Er ist das Ja zu allem, was Gott verheißen hat ..."

Vielleicht möchte man spontan sagen: das ist es, so ist Gott: Kein Miesmachen, kein Verneinen. Ja ist gesagt. Aber, so kommt uns doch sofort: Man kann doch nicht zu allem ja und amen sagen, in der Welt nicht und in der Kirche nicht!

Und in der Tat: Paulus hat nicht zu allem ja und amen gesagt, partout nicht! Er hat, sehr zum Mißfallen der Korinther, in sehr bestimmter Weise nein gesagt: Er ist nicht nach Korinth gekommen. Das ist es ja, was die Korinther so auf die Palme gebracht hat. Paulus hat nicht zu allem ja und amen gesagt, hier nicht und in anderen Fällen nicht.

Gott sagt auch nicht zu allem ja und amen. Er sagt auch nein. Es gibt das anklagende, richtende Wort Gottes. Hat nicht das göttliche Ja auch ein Nein als Kehrseite bei sich? Gottes Wort geht durch Mark und Bein, scheidet die Geister.

Sein Ja ist kein billiges Ja, das es allen recht machen will, partout nicht!

So sehr das alles wahr und gar nicht zu leugnen ist und so sehr Paulus selbst es weiß und vorbringt, in der allerletzten Frage, dort, wo es ums Letzte geht, um die Frage, wovon wir wirklich leben –, da steht dieses Ja Gottes, eindeutig, endgültig, ohne Vorbedingungen. Kein ja und nein, kein jein! Kein ja – aber … Kein na ja, wir wollen mal sehen … Nicht: einmal so – einmal so …

Das Wort Gottes an die Welt und in die Welt hinein heißt ja und nicht nein. Das ist das Vorzeichen vor der Klammer, die Voraussetzung des Glaubens, besser: die Voraus-setzung Gottes; das Voraus Gottes! Vor aller Entscheidung des Menschen für oder gegen Gott steht Gottes Entscheidung für Mensch und Welt. Sie ist gefallen, ein für allemal. Gott steht im Wort. Er kann und will hinter das einmal gesprochene Ja nicht zurück!

Das ist der Ausgangspunkt. Davon können wir ausgehen, und das läßt uns hoffen:

– Für die Kirche, die Gemeinschaft der Getauften und Gefirmten und somit Gesandten. Sie, diese Kirche, lebt von der Voraussetzung Gottes. Aber eben: davon lebt sie auch: darum dürfen wir ja zu ihr sagen, obwohl es so viel Verneinungswürdiges in ihr gibt. Darum ist sie uns Grund genug zu Dankbarkeit und Freude. Darum dürfen wir singen und feiern, ohne Zynismus, obwohl keineswegs alles gut ist, so wie es ist.

– Das Ja Gottes, Seine Voraussetzung läßt uns hoffen für die Welt. Wir dürfen ja sagen zu dieser Welt, obwohl es in ihr so viel Verneinenswertes gibt. Wir brauchen die Ungerechtigkeiten nicht zu verschleiern, die in unserer Welt tatsächlich herrschen und die zum Himmel schreien, weil sie den Menschen und die Schöpfung Gottes oft übermächtig entstellen. Gott hat ja zur Welt gesagt. Darum kann sie uns verborgener Anlaß zu Dankbarkeit und Freude werden. Die zerrissene Welt, sie ist zustimmungswürdig, ohne Zynismus!

Bleibt am Ende doch nur Bestätigung, blanke Zustimmung? Ist das zu Verneinende nicht so ganz ernst zu nehmen? Und ob! Sehr ernst sogar. So ernst, wie Gott es nimmt. Gottes Ja ist nicht so allgemein gesagt, es hat eine ganz bestimmte Gestalt, es hat ein Gewicht: Jesus Christus. In Ihm ist das Ja verwirklicht … Jesus Christus, das leibhaftige Ja Gottes in Person. Das Ja Gottes ist das Wort vom Kreuz.

Sein Ja überspielt das zu Verneinende nicht. Es steht auch nicht abseits und zeigt nicht mit dem Finger darauf: Schaut euch das an! – Er trägt daran, buchstäblich! Er läßt es nicht unerledigt, er arbeitet es auf! So sehr hat Er uns und die Welt bejaht!

Er gibt es nicht auf: nicht mit der Kirche, nicht mit der Welt, nicht mit uns selbst. Darum brauchen wir nicht aufzugeben: nicht mit der Kirche, nicht mit der Welt, nicht mit uns selbst, nicht mit der Synode!

Es ist gut, daß wir uns auf unserer Voraustagung der Voraussetzung Gottes, des Voraus Gottes erinnern und es bei allen unseren Überlegungen nie vergessen. Vor aller Entscheidung des Menschen steht Gottes Entscheidung für Kirche und Welt. Sie ist gefallen, ein für allemal! Gott steht im Wort. Er kann und will hinter das einmal gesprochene Ja nicht zurück. Das läßt uns hoffen: für die Kirche, für die Welt, für unsere Synode!

Aber wir müssen den Kreuzweg schon mitgehen. Und dabei brauchen wir keine Angst zu haben: „Gott, der uns in der Treue zu Christus festigt und der uns alle gesalbt hat, Er ist es auch, der uns ein Siegel aufgedrückt und als ersten Anteil am verheißenen Heil den Geist in unser Herz gegeben hat", schreibt Paulus ja weiter. Der Geist Christi, der Heilige Geist, ist also jedem einzelnen von uns gegeben. Der Heilige Geist ist der Geist des Lebens, der Freiheit, der Zuversicht, der Hoffnung, der Einheit und so des Friedens. Man sollte also meinen, der Mensch, der Christ trage dann auch nach nichts mehr Verlangen als nach dem Heiligen Geist. Aber dieser Heilige Geist ist, um diese Gaben zu geben, der Geist, der immer wieder alle Grenzen sprengt, alles der Unbegreiflichkeit Gottes überantworten will. Vielleicht ist das der Grund, daß wir im geheimen vor Ihm, dem Heiligen Geist, doch oft Angst haben. Denn wir wollen immer wissen, woran wir sind, wollen die Posten unserer Lebensrechnung und unserer Mühen klar vor uns haben und selber zusammenzählen, zu einer klaren Summe, die wir selber überschauen. Wir fürchten in unserem Leben und Tun nun einmal Bemühungen, deren Ausgang nicht absehbar ist. Darum möchten wir auch den Geist dosieren, der sich das allerdings nicht gefallen läßt. Wir trauen dem Heiligen Geist doch allzuoft nur, soweit das schon übersetzt ist in Buchstabe, Gesetz, Tradition und erprobte Institution. Wir wollen, daß er sich an diesen Maßstäben messen lasse, durch sie sich ausweise als Heiliger Geist, während es doch umgekehrt sein müßte. Haben wir nicht Angst vor dem Heiligen Geist? Ist er uns nicht, mit einem Wort gesagt, zu unberechenbar? Glauben wir nicht nur in der Theorie, sondern auch in der Tat des Lebens, daß Gott die unendliche Unbegreiflichkeit ist, in die uns Sein Geist hineinstürzen will? Machen wir nicht das, was immer nur Ausgangspunkt und Ausgangsbasis für diese Bewegung des Menschen durch Glaube, Hoffnung und Liebe in die unumfaßbare Unbegreiflichkeit Gottes hinein sein sollte, zu unserer bleibenden Heimat? Das Gebet um den Heiligen Geist aber und der Appell an uns alle, Ihn walten zu lassen, bedeuten Bereitschaft, das Unvorhergesehene, das Unberechenbare, das neuwerdende Alte, das alte Neue in das Leben einzulassen. Das kann sehr oft bedeuten, keine durchschaubare Antwort in der konkreten Situation zu haben und die Frage im Vertrauen als die Antwort selber gelten zu lassen und weiterzumachen, weil man genug Grund zur Hoffnung hat, eben Jesus Christus, in dem das Ja Gottes verwirklicht ist zu allem, was Er verheißen hat. Das Wort vom Heiligen Geist bietet keine Rezepte, die man nur auszuführen brauchte. Es befiehlt uns das Wagnis! Das Wort vom Heiligen Geist ist die Frage an jeden einzelnen von uns, an jeden einzelnen in seiner unvertretbaren Einmaligkeit, ob er den Mut zum Wagnis, auch zum Aushalten des Widerspruchs der großen Menge hat.

Die Voraussetzung Gottes in Jesus Christus steht und auch, daß Sein, der Heilige Geist in uns ist. Das sollte uns genügen und uns Mut geben, keine Angst vor Ihm, dem Heiligen Geist zu haben, der uns zum Mut, zum Wagnis befähigt, uns dazu auffordert.

Aber dennoch, Schwestern und Brüder: Haben wir nicht oft den quälenden Eindruck, der Geist Gottes habe uns verlassen, wenn wir im eigenen Leben und im Leben der Kirche, des großen Hauses und Tempels des Heiligen Geistes, oft zu wenig Geist Gottes und ein freies, machtvolles Walten zu verspüren glauben, wenn wir viel Buchstabe und wenig Geist, viel Gebot und wenig Freiheit, viel äußeres Werk und wenig herzliche Liebe, viel Amt und wenig Charisma in uns selbst und um uns herum zu entdecken meinen, viel Liebe zur Welt und wenig zur Ewigkeit, kurz: viel Geist der Welt und wenig Geist des Vaters in uns und um uns zu finden glauben? Wenn wir diesen schrecklichen Eindruck haben, dann mag er oft zu Recht bestehen. Aber könnte in diesem Eindruck nicht noch einmal etwas falsch sein? Falsch, weil uns vielleicht das Auge fehlt, den Geist in uns und in der Kirche zu sehen?

Paulus jedenfalls meint, ein täglich neues Umdenken, ein Bekehren tue not, um den Sinn für Gott und seinen Geist wachzuhalten. Und in der Tat: Wir suchen angeblich die Klarheit eines nimmer schwankenden Glaubens, aber wollen wir in Wirklichkeit nicht oft nur eine Unbezweifelbarkeit, die uns den Glauben und seine Entscheidung abnimmt? Wir meinen, den Geist des Glaubens zu suchen, aber suchen wir nicht oft nur die helle irdische Selbstverständlichkeit statt der Gewißheit des Geistes, der im Dunkel des Glaubens wohnt? Wir meinen, den Geist göttlicher Macht zu suchen, aber verlangen wir nicht häufig tatsächlich nach der Beherrschung der Lage statt nach der Macht des Heiligen Geistes, der durch sanftmütige Liebe um die Herzen der Menschen, um ihre freie Liebe bis ans Ende wirbt? Wir suchen angeblich nach der Freiheit der Kinder Gottes im Geiste der Freiheit, aber verlangen wir nicht doch in Wirklichkeit nach der Ungebundenheit für unsere Vorstellungen und unseren irdischen Sinn? Wir suchen angeblich den Geist der heiligen Freude, aber verlangen wir nicht in Wirklichkeit nach einem Leben, das uns erspart, die Tränen Christi und die Tränen der Buße mitzuweinen?

Wenn wir in all dem neu umdenken, täglich umkehren, wenn wir unsere Lebenserfahrungen nicht falsch deuten, als sei der Geist Gottes selbst fern und schwach geworden, sondern aus ihnen lernen, daß wir Ihn, den Geist Gottes, immer wieder am falschen Ort und in falscher Weise suchen, lernen, daß wir Ihn immer wieder mit etwas anderem verwechseln wollen – dann werden wir immer wieder mit erschütternder Freude merken: Er ist da, Er ist mit mir; der Geist des Glaubens im Dunkel, der Geist des Sieges in der Schwachheit, der Geist der Freiheit im Gehorsam, der Geist der Freude in den Tränen, der Geist des ewigen Lebens inmitten des Todes. Dann erfüllt uns in aller irdischen Unscheinbarkeit und Stille, in aller nüchternen Realistik des Alltags die heilige Gewißheit: Er ist da, Er ist mit mir, Er betet in unaussprechlichen Seufzern im eigenen Herzen, Er tröstet und stärkt, Er heilt und hilft, Er ermutigt zum Wagnis. Aber umdenken müssen wir täglich neu!

Tägliche Bekehrung heißt noch ein zweites, sie heißt: beten um den Geist. Auf Beter ist der Geist herabgekommen. Er ist der Geist der Gnade, der unverdienbaren Gnade, des unberechenbaren Wunders der Liebe Gottes. Wir zwingen Ihn nicht herab durch unsere Taten. Er ist, Er bleibt immer und in jedem Augenblick das freie Geschenk von oben.

Wo der Mensch erwartet, obwohl er von sich aus nichts erwarten darf, wo er mit dem Unberechenbaren rechnet, wo er Den ruft, der keinen Namen hat, wo er vertraut, ohne sich auf etwas zu berufen, was in ihm selbst ist, da betet er. Da betet er um den Heiligen Geist. Und da kommt der Geist, leise vielleicht und unmerklich, aber wahrhaft. Er kommt, weil Gott uns eben liebt; nicht weil wir gut sind, sondern weil Er lieben will. Da kommt der Geist, weil der Geist Gottes selbst im Betenden nach sich selbst gerufen hat. Wenn wir uns wissen als unnütze Knechte, wie schwer ist das und doch eigentlich selbstverständlich, dann ist der Lohn des unnützen Knechtes, der gute Geist, auch schon da; wenn wir unsere Ohnmacht eingestehen, wie schwer ist auch das und doch so selbstverständlich, dann beten wir, und dann ist die Macht unserer Ohnmacht schon mit uns, der Heilige Geist.

Was wir bedacht haben, Schwestern und Brüder, ist im heutigen Evangelium vom Herrn auf eigentlich unfaßbare Weise so formuliert: „Ihr seid meine Freunde ..." Was uns in der Synode zusammenführt, ist im Grunde nichts anderes als das Bemühen, aus Knechten immer mehr zu Freunden Gottes zu werden; das Wort, das in die Welt und in uns hineingesprochen wurde, Jesus Christus, immer deutlicher zu vernehmen. Und das ist uns Mahnung zum Ernst und ist uns Trost. Mahnung zum Ernst: denn was wir in der Synode tun und reden, ist im letzten nicht ein Sammeln von Gedanken und Ansichten, sondern soll sein ein deutlicheres Vernehmen des einen Wortes, das Gott selber ist. Darum muß hinter all unseren Fragen und Antworten der Ernst der Einsicht stehen, daß es sich dabei im Grunde um ein immer besseres Hören jenes Wortes handelt, durch das der unendliche Gott das letzte Geheimnis Seines eigenen Lebens uns erschließen und anvertrauen wollte. Aber eben dies ist auch unser Trost: Mögen unsere Gedanken und Einsichten (unsere Worte) kommen und gehen, in der Hochstimmung einer Synode aufleuchten und im grauen Alltag, der dahinter wiederkehrt, wieder verblassen wollen, wir tragen in uns jenes Wort, von dem es heißt: Das Wort des Herrn aber bleibt in Ewigkeit.

Vertrauen wir uns Ihm an, Ihm, der uns zu seinen Freunden gemacht hat. Und Angst brauchen wir darum nicht zu haben – wirklich nicht! Amen! So sei es!

Glaube in der Krise

Die notwendige Neuevangelisierung Europas

Kernaussage christlichen Glaubens und des Evangeliums ist das Zeugnis, daß Jesus Christus nicht tot ist, sondern von Gott zum Leben auferweckt wurde. Das Johannesevangelium erzählt, wie die Jünger Jesu – von ihrer Angst allmählich befreit – eine tiefe, bewegende Freude empfanden, als sie dem auferstandenen Herrn begegneten. „Da freuten sich die Jünger, daß sie den Herrn sahen" – heißt es dort (Joh 20,20). Diese Freude konnten sie nicht für sich behalten. Sie wollten auch andere an ihr teilhaben lassen und begannen, überall von der Auferstehung Christi zu reden. Die Auferstehung war – und ist noch heute – eine Frohe Botschaft für alle: Christi Auferweckung enthält das Versprechen, daß die Bestimmung *aller* Menschen nicht der Tod ist, sondern das Leben.

Was die Jünger damals taten, zeigt uns, was Evangelisierung ist. Sie machten das Evangelium der Befreiung bekannt: das Evangelium der Rettung aus dem Tod, aus Feindschaft, Schuld und allen Formen bedrückender Enge. Wo immer diese Frohe Botschaft von der guten Zukunft für alle Aufnahme sucht und findet, vollzieht sich Evangelisierung.

So meint der komplizierte, fremdartige Begriff der „Evangelisierung" etwas sehr Vertrautes: Menschen bezeugen ihren christlichen Glauben, machen ihn anderen verständlich und laden dazu ein, ebenfalls gläubig zu werden. Das ist Evangelisierung. Sie geschieht – wie bei den Jüngern – spontan. Zugleich hat Christus einen Auftrag zur Evangelisierung gegeben. Der Kirche und allen Christen gilt, was der Auferstandene sagte: „Ihr werdet meine Zeugen sein in Jerusalem und in ganz Judäa und Samarien und bis an die Grenzen der Erde." (Apg 1, 8b)

Doch soll hier speziell von der „*Neu*evangelisierung“ die Rede sein, die in Europa nötig ist. Manche sprechen von „*Re*-evangelisierung“. Gemeint ist: In den Ländern Europas, die eine alte christliche Tradition aufweisen, hat der Glaube ganz deutlich viel von seiner früheren Vitalität verloren. In der Vergangenheit waren Glaube und christliche Kirchen mit dem Leben der Menschen und Völker Europas eng verbunden. Der christliche Glaube gehört wie die griechische Philosophie des Altertums und das Rechtsdenken der Römer zu den kulturell prägenden Kräften Europas. Doch hat der Kontinent in vielen Bereichen sein Aussehen nach und nach gewandelt, in Gesellschaft und Politik, in Wirtschaft, Wissenschaft und Kultur. Im Laufe der Jahrhunderte haben die geistigen Verbindungen zum christlichen Glauben an Deutlichkeit verloren. Es entstand eine Fremdheit zwischen Glauben und Kultur. Der Glaube wird heute von den Menschen nicht mehr so leicht wie früher gehört und verstanden. Wir spüren das im eigenen Land. In den östlichen Bundesländern hat der Glaube für sehr viel weniger Menschen eine wichtige Bedeutung als im Westen der Bundesrepublik. Zwar waren die christlichen Kirchen am Sturz des alten Regimes aktiv beteiligt, doch muß die Glaubens- und Kirchendistanz einer breiten Bevölkerungsmehrheit die Kirchen alarmieren.

Selbst im Innenraum der Kirchen ist oft zu spüren, daß es schwierig ist, das moderne Leben aus dem Glauben zu verstehen und zu gestalten. Viele Spannungen in den Gemeinden sind dadurch zu erklären, daß die Gläubigen aus sehr verschiedenen Erfahrungsräumen zusammenkommen und deshalb in ihrer Glaubensform gar nicht einheitlich sein können. Dies führt zu einer Verunsicherung der Gemeinden, die dann die Überzeugungskraft christlichen Bekenntnisses schmälern kann.

Als Antwort ist in den vergangenen Jahren die Überzeugung gewachsen, der ersten Evangelisierung Europas, die lange zurückliegt, müsse eine zweite, neue Evangelisierung folgen. Wir Christen wollen die Frohe Botschaft von der österlichen Liebe Gottes, die den Tod überwindet, mit neuem Elan und in neuer Sprache bezeugen, damit der Glaube in Europa mit Gottes Hilfe zu neuer Lebendigkeit findet; damit er die Hoffnung der Menschen auf Gott hin weitet und dem Wachsen ihrer Freiheit einen Impuls gibt.

Alle Kirchen stimmen darin überein, daß diese neue Evangelisierung nötig ist. Viele haben bereits angefangen zu überlegen, wie sie gelingen kann. So hat sich z. B. der Rat der Europäischen Bischofskonferenzen, dem 26 römisch-katholische Bischofskonferenzen aus Ost- und Westeuropa angehören, intensiv mit diesem Thema beschäftigt. Schon 1985 stand ein Symposium der europäischen Bischöfe unter dem Thema „'Säkularisierung' und Evangelisierung". Es ging um die Frage: Wie können und sollen Christen und Kirchen angesichts der europäischen Säkularisierung den Glauben an den Dreifaltigen Gott bezeugen und zur Geltung bringen? Später griffen die Bischöfe in einem weiteren Treffen zwei besondere Lebenssituationen heraus: Geburt und Tod. Sie fragten, wie Christen im Blick auf diese extremen Situationen, von denen Menschen betroffen sind, Zeugnis davon geben können, daß christlicher Glaube Hoffnung schenkt und frei macht.

Eine neue Evangelisierung betrachten auch die anderen christlichen Kirchen als zentrale Aufgabe. Gemeinsam mit den Katholiken werden die in der Konferenz Europäischer Kirchen geeinten evangelischen, anglikanischen und orthodoxen Kirchen *im Spätherbst dieses Jahres* zu einer großen ökumenischen Begegnung zusammenkommen, die in Santiago de Compostella stattfindet. Sie hat die „Mission und Evangelisierung in Europa heute" zum Thema. Wir Katholiken hoffen zudem, daß die europäische Bischofssynode, die Papst Johannes Paul II. im vergangenen Jahr in der *Tschechoslowakei* ankündigte, jetzt im Herbst der Evangelisierung einen Impuls geben wird. Der Papst hat immer wieder die Überzeugung geäußert, Europa brauche eine neue Verkündigung des Evangeliums.

Es ist indessen unerläßlich, nach den Bedingungen der neuen Evangelisierung zu fragen. Wann können Glaube und Kirche in Europa die nötige Lebendigkeit neu gewinnen? Was ist gefordert, damit die neue Evangelisierung gelingt? Ich möchte hier nur zwei Bedingungen zur Sprache bringen, die ich für gleichermaßen wichtig halte: Inkulturation und eigene Umkehr.

Die erste Bedingung ist die *Inkulturation des Glaubens.* Wir müssen die entscheidenden Antriebsmotive der kulturellen, gesellschaftlichen, wirtschaftlichen und politischen Entwicklung in Europa besser als bisher verstehen. Wir müssen sie gläubig und geistlich deuten und die Verkündigung des Glaubens durch unsere Sprache und unser Tun auf sie abstimmen. Unser Zeugnis muß auf die europäische Kultur der Gegenwart eingehen. Diese Inkulturation ist ein Erfordernis nicht bloß in den Ländern Afrikas, Asiens oder Südamerikas, sondern auch in Europa. Der Papst hat ihre Ziele kürzlich prägnant zusammengefaßt: „Durch die Inkulturation macht die Kirche das Evangelium in den verschiedenen Kulturen lebendig und führt zugleich die Völker mit ihren Kulturen in die Gemeinschaft mit ihr ein und überträgt ihnen die eigenen Werte, indem sie aufnimmt, was in diesen Kulturen an Gutem ist, und sie von innen her erneuert" (RM 52).

Im Europa der Gegenwart nimmt z. B. die Idee der Freiheit einen hohen Rang ein. Ich wähle sie als Beispiel kulturbildender Kräfte auf unserem Kontinent. Wir haben erlebt, daß die Menschen in Mittel- und Osteuropa die Freiheit der Meinung, des Glaubens, der politischen Wahlen auf friedlichem Wege erstritten. Wir sind Zeugen einer Liberalisierung der Wirtschaft sowohl in Osteuropa als auch in der Europäischen Gemeinschaft. Demokratische Teilhabe und Garantie der Menschenrechte – auch der Rechte von Minderheiten – gelten in ganz Europa als Bausteine einer freien, menschengerechten Gesellschaft. Sie gehören – wie die Ideen der Gerechtigkeit und Solidarität – zum Programm der modernen Gesellschaft.

Doch haben uns diese Ideale der modernen Zeit zugleich in tiefe Spannungen und Widersprüche geführt. In Osteuropa hat das Ende des Sozialismus nicht nur die Freiheit vergrößert, sondern die Menschen auch unter den Druck gesetzt, für ihr Wohlergehen selbst verantwortlich zu sein. Geistiger Pluralismus und wirtschaftliche Konkurrenz gehören zur Freiheit und bedeuten für viele Menschen in den Reformländern eine neue Herausforderung. In Westeuropa hat die Freiheit eine Vervielfältigung der Lebensformen und Lebensstile bewirkt. Oft fällt den Menschen die Bestimmung des persönlichen Lebensweges schwer, zumal dann, wenn andere von entsprechenden Entscheidungen unmittelbar mitbetroffen sind. Sodann hat das moderne Leben einen oft drückenden Zwang zur Flexibilität geschaffen. Dies ist beispielsweise in der Arbeitswelt der Fall, wo Weiterbildung und Umschulung für das persönliche Bestehen oft unerläßlich sind. Die räumliche Mobilität ist sehr gewachsen. Die modernen Verkehrsprobleme sind dafür ein deutlicher Beleg. Der technische Fortschritt und die Freiheit der modernen Forschung führen zu immer neuen ethischen Fragen. Die Humangenetik ist hier ein markantes Beispiel.

Dies sind nur einige Beispiele für die Widersprüchlichkeit oder den Spannungsreichtum der europäischen, von der Idee der Freiheit bestimmten Gegenwartskultur. Oft ist es nicht leicht, sie zu verstehen. Es gibt die Versuchung, sie voreilig zu kritisieren oder unkritisch zu loben. Auch in der Kirche besteht die Gefahr, zu rasch zu urteilen und zu verurteilen. Doch bleibt es dabei: In dieser Kultur sollen und wollen wir Christen die Frohe Botschaft von Gottes Reich mit neuer Kraft verkünden. Diese Evangelisierung steht im Zeichen der Befreiung aus allen inhumanen Formen der Freiheit. Ihr Ziel ist die Freiheit, die der Glaube schenkt und zu der Christus *alle* Menschen beruft.

Ich nenne einige Beispiele einer Verkündigung, die im Sinne der Inkulturation auf die „Zeichen der Zeit“ eingeht. Wo die moderne Freiheit ein Übermaß an Möglichkeiten zur

Gestaltung des privaten und öffentlichen Lebens schafft, wo Tempo und Mobilität zur Bedrückung werden, so daß der innere Zusammenhang des Lebens fraglich ist und die Menschen individuell und kollektiv vor der Frage nach dem Sinn des Ganzen stehen, da lädt der christliche Glaube ein, Gott als ersten Ursprung und letzte Zukunft allen Lebens und als die Perspektive der eigenen Geschichte zu entdecken.

Wo Menschen die Fülle der Entscheidungen, die sie zu treffen haben, als Überforderung erleben und versucht sind, das Gelingen oder Mißlingen der Welt im Kleinen wie im Großen nur sich selbst zuzurechnen, da wirbt der christliche Glaube an Gottes allmächtiges Handeln für mehr Gelassenheit und einen menschengerechten Zuschnitt der Verantwortung, und zwar im privaten wie im öffentlichen Leben. Wo das Bemühen um Lebensglück und der Erfolg zum Diktat werden, das Bindungen an Menschen, Werte und Ideale auflöst sowie Gerechtigkeit und Liebe untergräbt, wo neben dem Unglück auch Krankheit und Tod nur als Scheitern erscheinen, da schafft der Glaube die innere Freiheit, sich dem Negativen nicht zu verschließen, weil Gott Unglück und Tod überwinden kann und wird.

Auf welchen Wegen kommt dieser befreiende Glaube zu den Menschen, die er erreichen soll? Wer sind die Träger der neuen Evangelisierung? Natürlich gehört das gemeinsame Zeugnis der Gemeinden und christlichen Gemeinschaften dazu. Die Gemeinden müssen noch vielgestaltiger werden als bisher. Denn es ist nötig, den verschiedenen Phasen der Annäherung an den christlichen Glauben Rechnung zu tragen. Evangelisierung kann nur gelingen, wenn sie von allen mitgetragen wird; von Amtsträgern, Gemeinden und von den vielen einzelnen.

Entscheidend ist: Christlicher Glaube kann inmitten von Erfahrungen, die für das Europa der Gegenwart kennzeichnend sind, eine Befreiung und Ermutigung bewirken. Er befreit, wo die Freiheit selbst sich gegen die Menschen kehrt. Eine neue Evangelisierung Europas muß diese Kraft des

Glaubens zur Geltung bringen. Dies kann gelingen, wenn die Kirchen und Christen für die Kultur Europas offen und nicht verschlossen sind; wenn sie die Nähe der Menschen suchen und der Gesellschaft eine Weggemeinschaft anbieten.

Dies führt zu der zweiten Bedingung, die der Neuevangelisierung Europas gestellt ist. *Die Christen selbst bedürfen einer Umkehr und Erneuerung ihres Glaubens.* Solange wir im geistlichen Leben, in der persönlichen Lebensführung und im Raum unserer Gemeinden der Änderung ausweichen, werden wir eine neue missionarische Kraft nicht entfalten können.

In Hildesheim, dem katholischen Bistum, für das ich Verantwortung trage, haben wir in den letzten zwei Jahren in Form einer diözesanen Synode einen gemeinsamen Prozeß der Neuausrichtung durchlebt. Es war eine manchmal schwierige, doch überreiche und oft beglückende Zeit gemeinschaftlicher Suche nach Erneuerung. Ihre Leitworte sind: Gemeinschaft mit Gott – miteinander – für die Welt. Es sind Leitworte, die wohl für die Christenheit ganz Europas Glültigkeit haben.

Gemeinschaft mit Gott: Durch die Jahrhunderte hindurch haben Gebet und Meditation in allen Teilen Europas Zeiten großer Blüte erlebt. Klöster, Wallfahrten und geistliche Zentren haben von Rußland bis Spanien, von den Iren und Schotten bis hin zu den Griechen Gottes Lob zum Erklingen gebracht. Hinzu kommen die Reichtümer christlicher Kunst und Architektur. Dieses Erbe muß uns noch heute Inspiration und Verpflichtung sein. Man spricht bisweilen von der Verwurzelung in Gott, ohne die der Glaube stirbt. Die Kirche Europas braucht die mystische Verwurzelung in Gott. Gemeinsam können die tiefe Frömmigkeit des Ostens und die neue Aneignung spiritueller Traditionen des Westens zur Belebung und Vertiefung des Gebetes und der Liturgie der Christenheit in ganz Europa führen.

Gemeinschaft miteinander: So wächst eine Kirche wirklicher Geschwisterlichkeit. Das Miteinander des Glaubens sollte zwischen Christen alle Barrieren einreißen, die von sozialen, politischen oder nationalen Unterschieden errichtet werden. Es belastet z. B. die Evangelisierung Europas, wenn die politischen Reformen im Osten zur Nebenwirkung haben, daß in manchen Ländern die alten Spannungen zwischen Christen und Kirchen verschiedener Konfessionen neuen Auftrieb erhalten – so verständlich diese Spannungen auch sein mögen.

Christen wissen um die Verbundenheit aller Menschen, die in Jesus Christus selbst ihr Fundament hat. Sie verlangt den Geist der Geschwisterlichkeit. Dieser Geist erkennt an, daß in der Nachfolge Christi *alle* Gläubigen einen wertvollen Beitrag leisten können. Er schafft Nähe gerade zu den Brüdern und Schwestern, die in Gefährdung und Unsicherheit leben, und läßt respektvollen Umgang, wechselseitige Achtung und großzügige Hilfe zur prägenden Form des Verhaltens werden.

Die Kirche der Zukunft wird eine große Farbigkeit zeigen. Noch weniger als bisher können alle Brüder und Schwestern in der Sprache des Gottesdienstes, in den Formen der Frömmigkeit und in ihrem gläubig geprägten Lebensgefühl ganz gleich sein. Diese Buntheit ist kein Grund zur Furcht. Denn der eine Glaube kann und wird sich in der Vielfalt der Gemeinden zum Nutzen der Menschen zeigen.

Gemeinschaft im Dienst an der Welt: Eine Kirche der Geschwisterlichkeit wird eine Kirche sein, die sich entschieden dem Dienst an der Welt hingibt. Er ist die dritte Dimension jener Umkehr, ohne die eine neue Evangelisierung Europas nicht gelingen kann.

Europa ist gerade jetzt angewiesen auf gerechten Ausgleich und solidarisches Handeln im Kleinen wie im Großen. Es braucht Ideen für die Gestaltung der Zukunft in Freiheit und Gerechtigkeit. Sonst wird es neue Grenzen geben und neue Zonen mit weniger stabilem Frieden und geringerem Wohlstand. Die Kirche darf zur Überwindung alter und neuer Spaltungen Europas ihren Beitrag nicht schuldig bleiben.

Wir waren davon ausgegangen, daß zwei Aufgabenbereiche in Angriff zu nehmen sind, wenn die neue Evangelisierung gelingen soll: die Inkulturation und die eigene Neubekehrung. Beide hängen aufs engste miteinander zusammen. Ich will dies am Beispiel des kirchlichen Weltdienstes zu zeigen versuchen.

Jeder spürt, wie die freiheitlichen Kräfte in ganz Europa an Gewicht gewinnen. Die politische Neuordnung Europas in der KSZE, im Europarat und in der Europäischen Gemeinschaft schreitet voran. Diese Entwicklung verdient die kritisch-unterscheidende Begleitung und Unterstützung der Kirchen. Wo nämlich Föderalismus und das Recht der kleineren Einheiten gegen Zentralismus zu verteidigen sind, wo besonders belastete Regionen und Personengruppen geschützt werden müssen, wo Minderheitsforderungen gerecht und kein Ausdruck der Unversöhnlichkeit sein sollen, da sollten Christen und Kirchen entschieden Einsatz zeigen. Sie sind dann Anwälte der im Glauben verankerten Achtung vor Mensch und Schöpfung – konkret, inmitten der gegenwärtigen Probleme und Nöte. Sie geben dem Glauben Ausdruck mitten in der europäischen Gegenwart. Sie inkulturieren den Glauben. Sie leisten zugleich jenen Dienst an der Welt, zu dem sie Christus gerufen hat – besonders im Einsatz für die vielen Menschen, die Gefahr laufen, in der modernen Welt ins Abseits zu geraten.

In Mittel- und Osteuropa erwächst dem kirchlichen Dienst gegenwärtig eine Fülle neuer Aufgaben: z. B. in caritativen Einrichtungen, im Bildungsbereich, in den Medien, im gesellschaftlichen Versöhnungsdienst. Fast kommt bisweilen die Gefahr auf, daß die Kirche zu sehr lediglich zur Neuordnung des öffentlichen Lebens in Anspruch genommen werden könnte.

Zu ihrem Dienst an der Welt gehört übrigens auch, daß die Kirche der Anwalt der armen und ärmsten Länder dieser

Welt bleibt, deren düstere Zukunft nicht durch Konzentration aller Hilfen bloß auf Europa noch weiter verdunkelt werden darf. Die Option der Kirchen für die Armen darf niemals an den Grenzen Europas haltmachen.

Den Christen ist mithin eine große Aufgabe gestellt, wenn es um die neue Evangelisierung Europas geht. Dies zeigen die beiden miteinander verbundenen Forderungen der Inkulturation und eigenen Umkehr. Manche Aufbrüche der letzten Jahre geben Anlaß zu der Hoffnung, daß sich die Christen diesen Aufgaben mutig stellen werden.

Grund zur Hoffnung geben auch die vielen Initiativen im Zusammenhang des europaweiten Prozesses für Gerechtigkeit, Frieden und die Bewahrung der Schöpfung, der praktisch alle Kirchen zusammenführt und ihrer ökumenischen Gemeinschaft neue Kraft gibt. Hier sind bisweilen eine spirituelle Tiefe und eine politische Wachheit zu erkennen, die zur Glaubwürdigkeit der Kirchen einen bedeutenden Beitrag leisten.

Die neue Evangelisierung hat ein klares Ziel: das Lob Gottes zu mehren, am Aufbau seines Reiches mitzuwirken, die Menschen zu jener vollen Freiheit zu führen, die der Glaube schenkt.

Glaube als „Leidenschaft für das Mögliche“

Die resignative Grundstimmung überwinden

Was mich am meisten überrascht hat bei den 360 Eingaben zu unserer Diözesansynode war die durchgängig resignative Grundstimmung. Die Gründe sind tief und komplex; sie haben mit dem Zeitgeist zu tun, aber wohl noch mehr mit unserem Glauben und mit unserer Hoffnung. Auf dieses möchte ich ein wenig eingehen.

Eine neue Gestalt der Hoffnung: Wir sahen uns mit einer neuen Hoffnung beschenkt – im II. Vatikanischen Konzil und die erste Zeit danach: Aufbruch, Hoffnung auf eine neue, alte Gestalt der Kirche und die Reich-Gottes-Botschaft Jesu und das Neulesen der alten prophetischen Tradition Israels gaben der Hoffnung eine neue Gestalt: Gott handelt hier und jetzt in der Geschichte; Sein Reich ist mitten unter uns, zwar klein und angefochten, doch real und wirksam in den kräftigen Worten der Verkündigung und in den überzeugenden Taten der Liebe, die Jesus wirkt und die jene fortsetzen, die Ihm nachfolgen und in Seinem Geiste leben, in dem Heiligen Geist, durch den Gott das Angesicht der Erde erneuert: eine neue, geschwisterliche Menschheit in Frieden und Gerechtigkeit, und zwar durch eine neue, alternative Gesellschaft – Kirche genannt –, in der der Geist Jesu konkret zum Zuge kommt.

Tatsächlich waren die alten prophetischen Verheißungen und das Hoffen auf eine neue Welt hin, die in Christus Jesus und in der Gemeinde des 1./2. Jahrhunderts sichtbar geworden waren, nach dem Schwung der Urkirche im Laufe der christlichen Glaubensgeschichte mehr und mehr zurückgetreten, gleichsam verharmlost durch Verinnerlichung oder durch Verweis auf das Jenseits – und wanderten in der Moderne aus dem kirchlichen Raum aus und nahmen mehr eine säkularisierte Gestalt an. In dieser säkularisierten Form ist diese Hoffnung auf eine geschwisterliche, bessere Welt in diesem Jahrhundert, besonders in den letzten 30 Jahren, zu einer weltweiten Bewegung geworden, die von außen wiederum in die Kirche einströmte und vergessene christliche Traditionsströme aufbrechen ließ. Ich nenne nur Teilhard de Chardin: Zuerst von der Kirche verurteilt, war er dann der große Anreger des Konzilsdokumentes „Gaudium et Spes – die Kirche in der Welt von heute". Diese pastorale Konzilskonstitution ist zur entscheidenden kirchlichen Grundlage einer neuen Hoffnung geworden. Wir kennen den Grundtenor: Es geht um die Verantwortung der Christen und der Kirche bei der Umgestaltung dieser Welt zu einer brüderlichen, neuen Menschheit, die sich als Familie Gottes in Seinem Reich versteht und so lebt.

Diese erneuerte Gestalt christlicher Hoffnung – diese Welt zu verändern, in ihr den Geist Jesu zum Zuge zu bringen – wurde in den Jahren nach dem Konzil in vielen kirchlichen Texten aufgegriffen: in manchen Enzykliken Pauls VI. („Pacem in Terris", „Populorum Progressio", „Sollicitudo Rei Socialis") und auch von den Generalkongregationen verschiedener Orden, z. B. der Jesuiten, der Franziskaner usw.

Sie erfüllte sich nicht: die Hoffnung, durch eine neue Weise Kirche zu sein, eine bessere, geschwisterliche Gesellschaft in Freiheit und Gerechtigkeit zu schaffen, ist in eine tiefe Krise geraten, die wir nicht bewältigt haben. Ob nicht hier der Grund für die skeptisch-selbstkritische Grundstimmung und auch die relativ hohen Abwanderungsquoten liegt? Die Fragen „Moral", „Frau in der Kirche", „Wiederverheiratete Geschiedene" usw. nehme ich sehr ernst. Aber ist nicht doch grundlegender die unbewältigte Krise der neuen Gestalt der Hoffnung? Worin besteht diese Krise? Worin begründet?

Die skizzierte Hoffnung, die sich aus der Reich-Gottes-Verheißung Jesu nährt, setzt „überschwengliche Maßstäbe", wie es im Synodentext „Unsere Hoffnung" heißt. Unsere Wirklichkeitserfahrung aber widerspricht täglich dieser Hoffnung. Wir erfahren ständig, wie unvermittelbar unsere gesellschaftliche Wirklichkeit, ihre Mentalität und ihre Wertvorstellungen der von uns erhofften Wirklichkeit des Reiches Gottes hier entgegenstehen. Die Kluft zwischen Realität und Hoffnung scheint unüberbrückbar zu sein, so daß unsere Hoffnung von den „Realisten" auch in der Kirche meist in den Bereich der Utopie geschoben wird. Sie erliegt deswegen schnell der Versuchung zur Resignation.

Die skizzierte Hoffnung rechnet mit der Erfahrung von Heil. Aber: Von einer wirklichen Veränderung unserer Welt zum Guten ist in der Tat wenig zu erfahren; im Gegenteil: die Erfahrung des Unheils nimmt für den, der sich für das Schicksal dieser Erde zutiefst engagiert, immer unheimlichere und immer unüberwindbarere Dimensionen an: z.B. die Ungerechtigkeit des Weltwirtschaftssystems, die Zerstörung der natürlichen Lebenswelt, die Zerrüttung der Ehen und Familien und ihre fatalen Folgen, die Sinnleere und die depressive Grundstimmung bei immer mehr Menschen, die zunehmende Vereinzelung, die Entfremdung der Generationen voneinander usw. usw. All unsere Bemühungen um eine Verbesserung wirken eher wie ein Tropfen auf den heißen Stein, d.h. immer punktueller und situationsbeschränkter, aber nicht wie ein wirksamer Beitrag zur Umgestaltung dieser Erde.

Dazu machen wir des öfteren die Erfahrung, daß ohne uns, ohne den christlichen Glauben und den Einsatz der Kirche, oftmals viel stärkere Realsymbole des Reiches Gottes verwirklicht werden als durch uns oder mit uns (Bürgerinitiativen, Frauenbewegungen, ökologische Bewegungen usw.). Verdächtigungen gegenüber solchen neu aufbrechenden Bewegungen: zu links, zu diesseits orientiert, zu radikal, zu unausgewogen usw. und die Unbeweglichkeit einer Gemeinde scheinen manchem einen wirksamen Einsatz für das Reich Gottes mitten unter uns zu erschweren. Seine

Hoffnung zieht ihn eher zu anderen Gruppierungen, bei denen er sich besser aufgehoben wähnt, und das nicht nur bei Jugendlichen.

Der wohl entscheidende Grund, warum diese Art der Hoffnung viele enttäuscht und manche kirchliche Berufung gefährdet, liegt offensichtlich darin: Diese Hoffnung setzt „überschwengliche Maßstäbe", denen unser „Vertrauen" auf den Herrn der Geschichte nicht entspricht. Die säkularisierte Form christlicher Hoffnung strömte zu einer Zeit in den kirchlichen Lebensbereich zurück, als der Glaube an das wirkmächtige Handeln Gottes in der Geschichte, von dem diese Hoffnung ursprünglich ausging, in eine Krise geriet. Wo ist Gott in unserer Geschichte? Wie handelt er? Greift er überhaupt ein? Ist Gott tot? Das sind Fragen, die in den Herzen vieler Glaubender und Glauben-Wollender immer wieder aufsteigen. Die theologischen Antworten mögen uns mehr oder weniger präsent sein: Gott ist kein „Deus ex machina"; er greift nicht unmittelbar in das Geschehen ein, sondern als transzendenter Grund trägt er das Ganze und wirkt in und durch die innerweltlichen Ursachen; als befreiende Liebe befähigt und befreit er unsere Freiheit zum verantwortlichen Handeln. Das alles ist theoretisch durchaus klar.

Aber: Ist es auch unsere existentielle Hoffnung? Ist diese Einsicht in Fleisch und Blut übergegangen? Mir scheint eher, daß wir mit dieser neuen Form der Hoffnung sehr viel von ihrem säkularisierten Erbe übernommen haben: nämlich das unterschwellige Bewußtsein: „Wir müssen es doch schaffen." Wir teilen die Hoffnungen unserer Welt, aber wir teilen damit auch oft die Last und Frustration und Freudlosigkeit einer überanstrengten Welt (J.B. Metz). Das ursprünglich jüdisch-christliche Ferment dieser Hoffnung – der Glaube an den geschichtsmächtigen Gott, der uns sein Reich der Gerechtigkeit und der Liebe schenken will – entspricht bei vielen von uns nicht mehr jenen hohen Maßen, welche die Verheißung des Reiches Gottes, das doch hier ausbrechen soll, unserer Hoffnung gegeben hat. Das Vertrauen und die Gelassenheit, daß Gott es ist, der mit Seinem Geist durch uns das Angesicht der Erde erneuert, lebt nicht unbedingt in der gleichen emotionalen und spirituellen Stärke in uns wie der Wille zur Veränderung dieser Erde.

Wie überwinden wir die Unsicherheit unserer existentiellen Hoffnung? Wie kann es uns gelingen, beides gleichgewichtig zu leben: die Hoffnung als „Leidenschaft für das Mögliche“ (Kierkegaard) und den Glauben als „die Gelassenheit des Beschenkten“?

Der unglücklichste Weg wäre es gewiß, die „überschwenglichen Maßstäbe“ unserer Hoffnung zu reduzieren, also das Maß unserer Hoffnung für diese Welt dem Maß unseres tatsächlichen Vertrauens auf Gott anzupassen; also das Überschwengliche der Hoffnung auf realistische Maße zurückzuschrauben. Das dürfen wir nicht. Dennoch dürfte es vermutlich der „normale“ Weg sein, den wir fast automatisch einschlagen, wenn uns der Widerspruch zwischen Erfahrung und Hoffnung einerseits und der Widerspruch zwischen Vertrauen und Hoffnung andererseits schmerzlich bewußt geworden ist.

Konkret führt das zum Rückzug ins Individuelle, Private, Persönliche und zum grundsätzlichen Verzicht auf die Last der Vermittlung von individueller „Bekehrung“ und gesellschaftlicher „Veränderung”; diese Last hat ja gerade die neue Gestalt der Hoffnung auf sich genommen, und wir dürfen sie nicht wieder einfach außerchristlichen Gruppen überlassen oder schlichtweg aufgeben.

Nicht wohl ist mir erst recht, wenn die Hoffnung auf eine andere Welt, wenn die Hoffnung als „Leidenschaft für das Mögliche“ durch innerkirchliche Auseinandersetzungen und durch falsche Schuld-Zuweisungs-Spiele überhaupt nicht mehr in Blick kommt.

Sollten wir nicht vielmehr versuchen, das Maß unseres Vertrauens auf Gott wieder dem Maß unserer Hoffnung für diese Erde anzugleichen? Also nicht das „Überschwengliche“ der Hoffnung zurückschrauben, sondern das Vertrauen auf den Gott, der uns Sein Reich der Liebe und Gerechtigkeit schenkt, auf das Niveau unserer Erwartungen und Hoffnungen emporheben! Wie soll das geschehen? Genau darin liegt ja das Problem der neuen Gestalt unserer Hoffnung! Leider kann ich dafür hier keine allgemein gültigen Regeln nennen, aber ich möchte einige Wege knapp skizzieren, wie vielleicht doch diesem Problem in der Praxis beizukommen wäre.

1. Für Jesus war die Sorge um das Reich Gottes etwas ganz anderes: befreit von Angst und gehetzter Überanstrengtheit. Er hat nicht alle besucht, bekehrt, geheilt. Er setzte nur „Zeichen“, die allerdings hatten es in sich, machten stutzig und ließen das Reich Gottes erahnen. Kommt nicht bei uns etwas ganz Simples zu kurz, nämlich alles was zum „Spielerischen“ gehört? Nach dem Buch der Weisheit ist Gott ein spielender Gott. Welches Gewicht z. B. kommt in unserem Lebensstil dem Raum der zwecklosen Privatsphäre, des unverzweckten gemeinsamen Spielens, der zwecklos freien Abende oder Tage, Wochenenden oder Ferien zu? Alles genauso notwendig, wichtig und legitim wie unsere Arbeit!

Dies gilt nicht nur für den persönlichen Lebensstil des einzelnen, sondern auch für den Stil von Lebensgemeinschaften und Gemeinden. Müssen wir nicht alle z. B. noch viel stärker lernen und einander dabei helfen, gegen das ständige Dazu-Aufladen neuer Aufgaben entschieden nein sagen zu können? Ein treffsicheres Kriterium, ob ein solches „Nein“ wirklich aus größerer Verantwortung oder doch mehr aus Trägheit heraus gesprochen wird, liegt normalerweise in der erfahrbaren Freude am Leben und am Beruf: und zwar in einer Freude, die nicht erst lange herbeiargumentiert oder -meditiert werden muß, sondern die von selbst sich einstellt und zugleich so ausstrahlt, daß andere sie spüren und durch sie von dem sie tragenden Lebensstil oder Beruf angezogen werden. Dies aber ist kaum bei ständig überlasteten, überarbeiteten, an ihren Reserven zehrenden Menschen möglich, auch wenn sie selbst noch so sehr davon überzeugt sind, es „um des Reiches Gottes willen“ zu tun. „Schau, daß du dich ausruh'n kannst – in Gott“, empfiehlt Madeleine Delbrêl dem „kleinen Mönchen“ in ihrem köstlichen „geistlichen Notizbüchlein“.

2. Einen besonderen Rang innerhalb dieses Lebensstils sollte die zwecklose Meditation des Wortes Gottes einnehmen. Die regelmäßige Betrachtung ist für viele geistliche Berufe heute ein Problem: Oft wird sie nur so zwischendurch „erledigt“ (in sogenannten „toten Zeiten“); oder sie fällt häufig ganz aus; oder sie dient nur als Vorbereitung auf Predigten, Vorträge, Gespräche usw. So wird auch sie fast völlig unserer Arbeit untergeordnet. Natürlich kommen uns in der Meditation oft die besten Ideen und Einfälle; aber es besteht doch die große Gefahr, daß wir verlernen, ganz zwecklos verweilen zu können in der Gegenwart Gottes, einfach dazusein, zu hören, statt zu denken, uns von ihm beschenken zu lassen, statt darüber nachzusinnen, wie wir andere wieder beschenken können durch unsere Gedanken und Einfälle zum Wort Gottes. Um diese Kunst nicht zu verlernen, brauchen wir lebensnotwendig so etwas wie Jahresexerzitien wirklich für uns selbst und nicht zur Vorbereitung und Begleitung der Exerzitien oder Besinnungstage anderer.

3. Zu diesem ganzen Lebensstil der „gelassenen Hoffnung“ gehört entscheidend das „Gott finden in allen Dingen“. Wie aber ist das möglich in den vielen Unheilserfahrungen unserer Welt, die unsere Hoffnung so auf die Probe stellen? Wie ist es möglich in den übermächtigen, oft so unmenschlichen Lebensbedingungen und Strukturen unserer Welt, in denen nichts vom Reich sichtbar wird? Ein Weg scheint mir zu sein, uns lebensmäßig in die Schule solcher Menschen zu begeben, die heute real in solchen unmensch-

lichen Verhältnissen leben und genau darin ihren Glauben bewahren und ihre Hoffnung betätigen. Ich denke dabei etwa an einen regelmäßigen Kontakt mit Menschen, die oft viel konkreter und handgreiflicher als die meisten von uns versuchen, ihre Hoffnung auf das Reich Gottes für diese Erde und ihre Erfahrung des Unheils auf dieser Erde miteinander zu verbinden, ohne das eine auf Kosten des anderen zu verdrängen. Es gibt solche Menschen unter ihnen, aber auch in vielen Berufen (Sozialarbeiter, Krankenschwestern, Politiker u.a.). Wir können viel von ihnen lernen, gerade auch von ihrer Gefährdung und wie sie damit fertig werden. Ob wir nicht gerade heute viel stärker an ihren Erfahrungen und auch ihren Hoffnungen Anteil nehmen, uns von der Begegnung mit ihnen persönlich betreffen und „ummodeln“ lassen müßten, um darin Wege aus der Krise unserer Hoffnung und übrigens auch der von ihr bedingten Gefährdung kirchlicher Berufe zu finden?

4. Es wäre gewiß leichter, unser Vertrauen auf das Sich-Durchsetzen des Reiches Gottes in dieser unserer Gesellschaft zu vertiefen, zu einer unsere ganze Existenz – unser Denken und Handeln – prüfenden Grundhaltung zu gelangen, wenn die konkrete Gemeinschaft, in der wir leben, von dieser „Hoffnung des Gelassenen“, von dieser Balance zwischen der „Leidenschaft für das Mögliche“ und der „Gelassenheit des Beschenkten“ beseelt, davon als Gemeinschaft durchdrungen wäre. Im gemeinsamen Beten und Ringen geschenkte Erfahrungen des Sprechen und Handelns Gottes hier und heute, in unserer Welt, im gemeinsamen Entdecken und Deuten des Handelns Gottes in dieser unserer Welt; in lebendigem, geduldigem, geistlichem Suchen in Gemeinschaft kann uns erfahrbar werden, daß Sein Reich längst im Kommen ist, da ist, daß wir nur richtig sehen und Ihm vertrauen lernen müssen. Dann können wir erfahren, daß die „andere Welt“, die Er will und uns schenkt, wirklich schon im Kommen ist. Unsere konkrete Gemeinschaft muß sich als

Gemeinschaft Seinem Geist – der doch da ist und wirkt – öffnen, von Ihm durcheinanderbringen, überraschen, von Ihm sich die Augen öffnen lassen –, dann kann man Seine Herrlichkeit wirklich sehen und auch kosten. Man wird es uns anmerken. Und solche Gemeinschaften können Zeichen der Hoffnung werden, daß das Reich Gottes tatsächlich im Kommen ist. Das kann junge Menschen – und nicht nur diese – anziehen!

Dennoch: Es bleibt in jedem Fall eine Kunst, die wir unser Leben lang erlernen müssen: die beiden Seiten der christlichen Hoffnung, die „Leidenschaft für das Mögliche" und die „Gelassenheit des Beschenkten" miteinander zu leben; und zwar nicht so, daß die Leidenschaft die Gelassenheit auffrißt oder die Gelassenheit die Leidenschaft einschläfert, sondern daß die eine die andere trägt und zur Entfaltung bringt. Wenn uns das ein Stück weit gelingt, dann haben wir heute die „Zeichen der Zeit" hinsichtlich des Reiches Gottes „mitten unter uns" erkannt.

Glauben ist Handeln

Zur Neuordnung gesellschaftlichen Lebens

In der gegenwärtigen und wahrhaft dramatischen geschichtlichen Stunde Europas geht es nicht nur um die Konsequenzen aus dem Zusammenbruch des Kommunismus, sondern auch um die Suche nach einer neuen Gestalt Europas, die die Erfahrungen des Ostens und des Westens einbringt, aber auch die Irrungen in beiden Teilen Europas zu überwinden sucht. Geht es nicht letztlich „darum“, die seit mehr als hundert Jahren in Europa wirksame Sehnsucht nach „Freiheit, Gleichheit und Brüderlichkeit“ unter Vermeidung der jeweiligen östlichen und westlichen Fehlentwicklungen neu zu verstehen und zu leben? Gibt es einen anderen Weg, als diese letztlich vom Evangelium her inspirierte Sehnsucht nach „Freiheit“ und neuer Weise des Miteinander-Umgehens, Gemeinschaft eben von diesem Evangelium her „neu“ zu verstehen und in gesellschaftliche und politische Praxis umzusetzen?

Das ist doch gemeint mit dem Wort von der „Evangelisierung“, die auch die entsprechende Gestaltung der gesellschaftlichen, wirtschaftlichen und politischen Verhältnisse meint. Der Hl. Vater betont immer wieder die beiden Anliegen: Es geht um die Verkündigung des Evangeliums und zugleich der Soziallehre, es geht um einen tiefen Glauben der heutigen Menschen und zugleich um eine Ordnung der Verhältnisse, in der der Mensch Ursprung, Träger und Ziel des gesellschaftlichen Lebens ist. Ohne den Glauben und ohne die Verbindung mit Jesus Christus, dem menschgewordenen Gottessohn, gibt es keine christliche Gesellschaftsverantwortung. Ohne die praktische Solidarität hier und jetzt würde der Glaube nicht wirksam. Damit ist natürlich mehr gemeint als gelegentliche moralische Zwischenrufe von der erhöhten

Tribüne der Kirche aus in die Arena des um eine neue Gestalt ringenden Europas.

Wir müssen dabei die neuzeitliche Freiheitsgeschichte in ihrer positiven Bedeutung, die es doch auch gibt, für ein heutiges Verständnis der Botschaft Jesu würdigen. Wenn es uns nicht gelingt, die fundamentalen positiven Werte des modernen Geistes, die Erweiterung des kritischen Bewußtseins, das Erwachen des menschlichen Autonomiestrebens und die echten technisch-wirtschaftlichen Errungenschaften als positive Stoßkräfte und Möglichkeiten auch für ein neues Selbst- und Wertverständnis der Christen und für eine neue Wirkweise der Kirche fruchtbar zu machen, dann wird unser Glaube auf die Dauer kaum vermittelbar sein, aber auch Europa nicht mehr „Europa" sein, wie Guardini 1945 geradezu prophetisch sagte, als er Europa einen „instinkt-unsicheren" Kontinent nannte.

Es ist gut, ja notwendig, in dieser Stunde über die Lehrkompetenz der Kirche in sozialen Fragen nachzudenken.

Dies soll hier versucht werden durch das Eingehen auf vier Anfragen an die Lehrkompetenz der Kirche in sozialen Fragen, nämlich

(1) bezüglich des Zusammenhanges von Glaube und gesellschaftlichem Handeln,
(2) hinsichtlich der Beziehungen zwischen Sachlogik und Wertbezug,
(3) im Zusammenhang der Pluralität der kirchlichen Subjekte
(4) angesichts der Spannung zwischen dem pluralistischen Charakter der modernen Gesellschaft und dem Anspruch der Kirche, absolute Wahrheiten und unverrückbare Normen zu verkünden, und schließlich ein zusammenfassendes kurzes Schlußwort.

1. *Glaube und gesellschaftliches Handeln*

Die erste Anfrage an die Lehrkompetenz der Kirche in sozialen Fragen kommt aus einem Vorverständnis, das den religiösen Glauben und das gesellschaftliche Handeln und dementsprechend die theologische Reflexion und die sozialethische Reflexion stärker voneinander abzugrenzen bzw. zu trennen sucht.

Häufig werden der Glaube und das Handeln so aufeinander bezogen wie das Erkennen und Gestalten, wie der Grund und die Folge, wie die Ursache und Wirkung, wie der Teil und das Ganze, wie die Hinwendung zu Gott und die Hinwendung zu den Mitmenschen.

Glauben ist jedoch Handeln, eine grundlegende Vorentscheidung, ein praktischer Lebensentwurf von Gott her. Die Glaubenspraxis hat eine empirische Außenseite, die auf die Welt und auf die Menschen gerichtet ist; und eine metaempirische Innenseite, die auf Gott gerichtet ist. Diese beiden Dimensionen sind nicht miteinander identisch, sondern aufeinander bezogen – und zwar ungetrennt und unvermischt.

Wie ist das Verhältnis dieser beiden Dimensionen zu denken? Nicht so sehr als Verhältnis von Ursache und Wirkung, von Grund und Folge, von Teil und Ganzem. Vielmehr so, daß die eine Dimension die Ausdrucksform der anderen ist. Wie wir im Blick der Augen, im Händedruck und der Umarmung unsere wechselseitige Zuneigung verkörpern, so ist das Wohlwollen gegenüber dem Menschen die Ausdrucksform unseres Glaubens an Gott. Nächstenliebe und Einsatz für Gerechtigkeit sind die Verkörperung unserer Gottesliebe.

In der Formel von Taizé „Kampf und Kontemplation" wird das Doppelgebot, das Jesus als Kern seiner Botschaft verkündet, nämlich an Gott zu glauben und den Nächsten zu lieben, aktualisiert. Ähnlich hat der Jakobusbrief in der Linie der alttestamentlichen Propheten die Christen, die sich zum Gottesdienst versammelten, während ihr soziales Verhalten dem widersprach, beschämt. Und der erste Johannesbrief fordert die Liebe zum Nächsten, den man sieht, als Beweis der Liebe zum unsichtbaren Gott.

Die römische Bischofssynode 1971 steht in dieser apostolischen Tradition, indem sie erklärt, daß Christus das Verhältnis des Menschen zu Gott in unlösbare Einheit mit seinem Verhalten zum Mitmenschen gesetzt hat, und daß deshalb der Einsatz für die Gerechtigkeit und die Beteiligung an der Umgestaltung der Welt konstitutiver Bestandteil der Verkündigung des Evangeliums sind.[1]

Papst Paul VI. hat in Anlehnung an die Bischofssynode und im Dialog mit Theologen der Befreiung die Einheit der Glaubenspraxis mit dem Begriffspaar der Evangelisierung und Befreiung formuliert: „Zwischen Evangelisierung und menschlicher Entfaltung – Entwicklung und Befreiung – bestehen in der Tat enge Verbindungen: Verbindungen anthropologischer Natur, denn der Mensch, dem die Evangelisierung gilt, ist kein abstraktes Wesen, sondern sozialen und wirtschaftlichen Problemen unterworfen; Verbindungen theologischer Natur, da man ja den Schöpfungsplan nicht vom Erlösungsplan trennen kann, der hineinreicht bis in die ganz konkreten Situationen des Unrechts, das es zu bekämpfen, und der Gerechtigkeit, die es wiederherzustellen gilt. Verbindungen schließlich jener ausgesprochenen biblischen Ordnung, nämlich der der Liebe: Wie könnte man in der Tat das neue Gebot verkünden, ohne in der Gerechtigkeit und im wahren Frieden das echte Wachstum des Menschen zu fördern?“[2]

Das Sozialrundschreiben „Centesimus annus“ greift die Einheit der Glaubenspraxis und deren Reflexion unter dem Wortpaar der „Neuevangelisierung“ und der „Soziallehre der Kirche“ auf. „Die Verkündigung und Verbreitung der Soziallehre gehört wesentlich zum Sendungsauftrag der Glaubensverkündigung der Kirche; sie gehört zur christlichen Botschaft, weil sie deren konkrete Auswirkungen für das Leben in der Gesellschaft vor Augen stellt und damit die tägliche Arbeit und den mit ihr verbundenen Kampf für die

Gerechtigkeit in das Zeugnis für Christus, den Erlöser, mit einbezieht.“[3] „Die ‚Neuevangelisierung‘, die die moderne Welt dringend nötig hat und auf der ich wiederholt insistiert habe, muß zu ihren wesentlichen Bestandteilen die Verkündigung der Soziallehre der Kirche zählen.“[4]

■ 2. *Die Zwei-Welten-Lehre: Sachlogik und Wertbezug*

Die zweite Anfrage an die Lehrkompetenz der Kirche in sozialen Fragen kommt aus dem Vorverständnis, das sachlich Vernünftige und das moralisch Gebotene seien zwei völlig getrennte Welten. Fürst Bismarck soll einmal gesagt haben: „Mit der Bergpredigt kann ich nicht regieren.“ Ähnlich würden heutzutage nicht wenige Manager von Großbanken erklären: „Mit der Ethik können wir keine wirtschaftlichen Entscheidungen fällen.“ Wirtschaft und Gesellschaft seien durch Naturgesetze bestimmt; Wasser fließe nicht den Berg hinauf, selbst wenn ein begabter Mensch sich dies wünscht. Wirtschaftliches und gesellschaftliches Handeln folge einer Eigengesetzlichkeit, nämlich dem Grundsatz der Rationalität, wonach ein gegebenes Ziel mit einem Minimum an Aufwand oder mit gegebenen Mitteln ein möglichst hoher Wirkungsgrad angestrebt wird. Was beim Hausbau die Gesetze der Statik sind, das sei in der Wirtschaft die Sachlogik ökonomischer Rationalität. Sie lasse sich weder durch parlamentarische Mehrheiten noch durch moralische Appelle außer Kraft setzen.

Diese Zwei-Welten-Lehre geht auf den nicht überbrückbaren Unterschied zurück, den in diesem Jahrhundert Max Weber zwischen dem Erfahrungswissen und den Werturteilen, zwischen der denkenden Ordnung der Tatsachen, die rein logisch erschlossen werden könne, und der Darlegung von Idealen, die sich an unser Gefühl richte, entdeckte. Eine Erfahrungswissenschaft, die den Menschen lehrt, was er kann, nicht aber, was er soll, und eine philosophische Disziplin, die den Sinn von Wertungen, ihre letzte sinnhafte Struktur und ihre sinnhaften Konsequenzen vermittelt, deren Geltung zu beurteilen Sache des Glaubens ist, seien zwei einander fremde Sphären.

Die Logik des Sachzwangs in Wirtschaft und Gesellschaft wird neuerdings unter Hinweis auf das Wirtschaften als vernetztes Handeln bemüht. Die eigene Handlung schließe an Handlungen anderer an und löse bei anderen unerwartete und unbeabsichtigte Reaktionen aus; es komme zu nicht vorhersehbaren Rückkoppelungen mit verstärkender oder abschwächender Wirkung, die der einzelne Handlungsträger weder beeinflussen noch steuern kann. Und oft ließen sich abgrenzbare Ereignisse kaum mehr einzelnen Ursachen zuordnen, vielmehr seien ganze Handlungsketten wechselwirksam aufeinander bezogen. So müßten Wirtschaft und Gesellschaft als selbsttätige Systeme begriffen werden, die sich an sich selbst orientieren und eigenwillig an veränderte Umwelten anpassen. Die Selbstherstellung solcher Systeme mache die Frage nach deren Ziel, Sinn bzw. ethischer Qualität überflüssig.

Das Zweite Vatikanische Konzil scheint, so wird zumindest gelegentlich gesagt, diese Zwei-Welten-Lehre zu bestätigen, indem es die Autonomie der irdischen Wirklichkeiten ausdrücklich anerkenne. Sowohl die geschaffenen Dinge als auch die Gesellschaften hätten ihre Eigengesetzlichkeiten und Ordnungen; durch eine zu enge Verbindung dieser Sachwelten mit der Religion sei deren Autonomie bedroht. Der glaubende Mensch müsse vielmehr die den einzelnen Wissenschaften und Techniken eigene Methode respektieren. Tatsächlich hat das Konzil – der Text ist eindeutig – diese Autonomie als von Gott so gewollte, also schöpfungstheologisch verstanden. Um zwei Welten geht es also in „Gaudium et Spes“ keinesfalls, nicht einmal scheinbar.

Wird nun die behauptete Trennung von Sachlogik und Wertbezug der gesellschaftlichen Wirklichkeit gerecht? Zwar begrenzen die natürliche Umwelt, die technischen Daten und das soziale Milieu ebenso wie die unerwarteten und unbeabsichtigten Rückwirkungen des Handelns den aktuellen Entscheidungsspielraum. Aber wirtschaftliche Sachzwänge sind auch und vor allem Ergebnis vorangegangener persönlicher Entscheidungen. Für Menschen, die mündig geworden sind, gibt es keinen reinen Sachzwang; hinter der Rede vom unvermeidbaren „Sachzwang" wittern sie eine Menge persönlicher Vorlieben, Interessen und Vorentscheidungen, die durch solch eine Formel verschleiert werden sollen.

Wirtschaft und Gesellschaft können zwar als ein Regelkreis mit eigener Sachlogik gedeutet werden, aber die persönlichen Entscheidungsträger behalten ihr Gewicht. Die Person kann zwar als psycho-somatisches System definiert, aber nicht bloß zum Element oder zur Umwelt des sozialen Systems verkürzt werden. Solche Systeme entstehen nur, wenn Menschen, die wechselseitig Vertrauen und Wohlwollen voneinander erwarten, sich darin haben ausdrücken und darstellen können. Das System mag sich ihnen in der Folgezeit als selbsttätig und ihrem Veränderungswillen gegenüber als widerständig erweisen; wie die friedliche Revolution in Mittel- und Osteuropa bestätigt, besteht es am Ende nur so lange, als es von den Menschen im Dasein gehalten und anerkannt wird.

Der große Nationalökonom und Moralphilosoph Adam Smith konnte nur deshalb darauf vertrauen, daß der einfache Marktmechanismus natürliche Freiheit, wachsenden Wohlstand und soziale Harmonie schuf, weil er ihn ganz in die natürlichen Gefühle der gegenseitigen Sympathie eingebunden und durch die „Unsichtbare Hand" des „Großen Architekten der Natur" gelenkt sah.

Das Verhältnis von wirtschaftlicher Sachlogik und ethischem Anspruch ist aber nicht so zu denken, als eroberte eine fremde Dynastie ein feindliches Gebiet. In jeder moralischen Entscheidung ist die Dimension der Verfügung über knappe Ressourcen mitenthalten. Außerdem bleibt das moralisch

Gebotene für wirtschaftliche Entscheidungsträger irrelevant, solange es nicht in ökonomische Kategorien: Preise, Einkommen, Kosten und Erträge übersetzt ist und solange das verallgemeinerungsfähige Interesse am Eigeninteresse vorbei definiert wird. Umgekehrt hat das wirtschaftlich Vernünftige, das unter Einschluß aller Nebenfolgen und mit Rücksicht auf alle Betroffenen definiert wird, moralische Qualität.

Daraus kann dann als negative Mindestbarriere gefolgert werden, daß das ökonomisch Vernünftige moralisch nicht verboten sein und das moralisch Gebotene der ökonomischen Vernunft nicht widersprechen kann. So hat auch das Zweite Vatikanische Konzil die richtige Autonomie der irdischen Wirklichkeiten verstanden: Die Wirklichkeiten des profanen Bereichs und die des Glaubens haben in demselben Gott ihren Ursprung. Das verantwortungsbewußte Aufspüren der Sachlogik in Wirtschaft und Gesellschaft kann nie zu einem Konflikt mit dem Glauben kommen. Und umgekehrt kann die Glaubensverkündigung nicht unter Berufung auf gesellschaftliche Sachlogik und wirtschaftlichen Sachzwang widerlegt werden.

■ *3. Die Pluralität der kirchlichen Subjekte*

Die dritte Anfrage an die Lehrkompetenz der Kirche in sozialen Fragen verweist auf die Vielzahl von Personen, Gruppen, Meinungen, Kompetenzen und Interessen, die erst in ihrer Gesamtheit das Volk Gottes bilden. Keine der einzelnen Gruppen könne im Namen der Kirche sprechen, allenfalls die Amtsträger. Diese müßten jedoch die Gesamtheit im Auge behalten und dürften sich nicht ausschließlich mit einer Minderheit identifizieren. Wenn sie im Namen der Kirche sprechen, müßten sie es für alle tun und für alle da sein. Engagiere sich ein Amtsträger für eine Kirche der Armen, dann dürfe ein anderer dies mit gleichen Recht für die Kirche der Reichen tun. Wollten die Amtsträger im Namen einer Teilgruppe sprechen, wem sollten sie dann ihre Stimme leihen? Denen, die am lautesten schreien, oder denen, deren Freundschaft sie bisher schon sicher waren?

Der Arme, der Marginalisierte ist nicht mehr wert als jeder andere. Da er sich aber selber für sein Recht schlecht (oder gar nicht) wehren kann, hat er Anspruch darauf, daß der Christ und da besonders der Amtsträger als der offiziell beglaubigte Sprecher ihm Stimme gibt.

Das Zweite Vatikanische Konzil hat der kirchlichen Sozialverkündigung eine neue Perspektive gewiesen, indem es das Verhältnis von Theorie und Praxis umdefinierte und die drei Träger kirchlicher Soziallehre gegenüber einer verbreiteten Praxis umgruppierte. Eine – wie es zuweilen hieß – eher monolithische und statische Auffassung von Sozialverkündigung mit einer vorwiegend deduktiven Methode wurde abgelöst von einem mehr dynamischen und differenzierten Verständnis und einer mehr induktiven Methode, die dem gewandelten bzw. unterschiedlichen Verhältnis der jeweiligen Gesellschaft gerecht zu werden versucht. Sie stützt sich nicht nur auf die Erfahrung der Bischöfe und der Wissenschaftler, sondern auch auf die der Laien als Menschen, die aufgrund ihrer Berufung mit den gesellschaftlichen, wirtschaftlichen und sozialen Problemen direkten Kontakt haben. Tatsächlich hat sich die Katholische Soziallehre ja auch schrittweise ausgebildet. Sie ist keineswegs systematisch entwickelt worden, vielmehr in der Verkündigung des Evangeliums im Kontext der herausfordernden Probleme vor Ort und in der jeweiligen Zeit entstanden. Wohl hat sich die Sozialverkündigung gleichzeitig bemüht, vom Evangelium her die bleibenden Grundsätze und Werte herauszuarbeiten, die sozusagen die Mitte der kirchlichen Soziallehre und -verkündigung bilden und ihre Identität ausmachen in allen Konkretisierungen im jeweiligen geschichtlichen und gesellschaftlichen Kontext. Diese bleibenden und verbindlichen Grund-Sätze brauche ich hier nur in Erinnerung zu rufen: der Mensch, der gleichursprünglich Person und Sozialwesen ist, das Gemeinwohl, Solidarität und Subsidiarität, die Teilhabe und die Bestimmung der Güter für alle.

Wir sagten also: Das Zweite Vatikanische Konzil hat der kirchlichen Sozialverkündigung eine neue Perspektive gewiesen, indem es das Verhältnis von Theorie und Praxis neu definiert und die drei Träger kirchlicher Soziallehre umgruppiert. Gleichsam ein erstes Wort sprechen die Christen, die sich aus ihrem Glauben heraus gesellschaftlich engagieren. Deren Glaubenspraxis ist initiativ, aber nicht blind, sie ist in den Formen, die sich herausgebildet haben, wie beispielsweise die Lebensbetrachtung, das Bibelteilen, das lebendige Evangelium, selbstbewußt und verantwortet. Das erste Wort der kirchlichen Sozialverkündigung wird in christlichen Lebensgemeinschaften, in Basisgemeinschaften, in den Betriebs-, Orts- und Pfarrgruppen der Sozialverbände formuliert.

Ein zweites Wort sprechen dann die Amtsträger. Sie tragen nicht nur Sorge dafür, daß die Sozialverkündigung „integraler Bestandteil" christlicher Verkündigung ist und bleibt und immer neu wird. Vielmehr sammeln sie die Praxisreflexion der Christen, die sich gesellschaftlich engagieren, ein, sortieren, ordnen und prüfen sie vom Evangelium her. Sie prüfen, was über den konkreten Anlaß hinausgeht und allgemeinere Bedeutung (für ein bestimmtes Gebiet, eine bestimmte Zeit) hat, um es zu fördern und auch anderen als Weg zu empfehlen. Sie prüfen aber auch, ob nicht, evtl. ganz unbemerkt, sich in konkrete Lösungen vor Ort trotz allem guten Willen nicht doch Egoistisches eingeschlichen hat. Schließlich vermitteln sie die geglückten Erfahrungen auf lokal/regionaler Ebene als Weg für die Gesamtkirche.

Ein drittes Wort kirchlicher Sozialverkündigung kommt der wissenschaftlichen Theoriebildung zu. Die Vertreter des Lehrfachs Christliche Sozialwissenschaften begleiten die gemeinsame politische Glaubenspraxis kritisch und sympathisch und bereiten so die weiterführende offizielle Stellungnahme der kirchlichen Amtsträger vor und unterstützen sie mit den Argumenten der theologisch ethischen Überlegung.

Das Gewicht der Praxisreflexion von Christen, die sich gesellschaftlich engagieren, wird von Papst Paul VI. in dem Apostolischen Schreiben „Octogesima adveniens" herausgestellt: „Angesichts solch unterschiedlicher Voraussetzungen erweist es sich für Uns als untunlich, ein für alle gültiges Wort zu sagen oder allerorts passende Lösungen vorzuschlagen, doch ist das auch weder Unsere Absicht noch Unsere Aufgabe. Das ist vielmehr Sache der einzelnen christlichen Gemeinschaften; sie müssen die Verhältnisse ihres jeweiligen Landes objektiv abklären, müssen mit dem Licht der unwandelbaren Lehre des Evangeliums hineinleuchten und der Soziallehre der Kirche Grundsätze für die Denkweise, Normen für die Urteilsbildung und Direktiven für die Praxis entnehmen ... Diesen einzelnen christlichen Gemeinschaften also obliegt es, mit dem Beistand des Heiligen Geistes, in Verbundenheit mit ihren zuständigen Bischöfen und im Gespräch mit den anderen christlichen Brüdern und allen Menschen guten Willens darüber zu befinden, welche Schritte zu tun und welche Maßnahmen zu ergreifen sind, um die gesellschaftlichen, wirtschaftlichen und politischen Reformen herbeizuführen, die sich als wirklich geboten erweisen und zudem oft unaufschiebbar sind" (OA 4). Papst Johannes Paul II. hat diese Würdigung in seinem Sozialrundschreiben „Centesimus annus" aufgegriffen: „Neben der interdisziplinären Dimension muß sodann die praktische und in gewissem Sinne experimentelle Dimension dieser Lehre erwähnt werden. Sie liegt im Schnittpunkt des christlichen Lebens und Bewußtseins mit den Situationen der Welt und findet ihren Ausdruck in den Anstrengungen, die einzelne, Familien, im Kultur- und Sozialbereich Tätige, Politiker und Staatsmänner unternehmen, um dem christlichen Leben Gestalt und Anwendung in der Geschichte zu verleihen" (CA 59).

Aus der Differenzierung des Subjekts der kirchlichen Sozialverkündigung – gesellschaftlich engagierte Christen, kirchliche Amtsträger, christliche Sozialwissenschaftler – läßt sich die spezifische Kompetenz und Aufgabe des kirchlichen Amtes verdeutlichen.

Gemäß einer traditionellen Aufgabenzuweisung sollten die Amtsträger die allgemeinen sozialen Grundsätze verkünden, während die Laien diese in der jeweiligen Situation schöpferisch anzuwenden hätten. Oder die Amtsträger sollten die allgemeinen politischen Fragen ansprechen, während die Laien sich in den parteipolitischen Streit begeben könnten. Nun hat sich diese Arbeitsteilung in den meisten Fällen als zu einfach erwiesen.

Die spezifische Kompetenz der kirchlichen Amtsträger ist eine dialogische bzw. kommunikative Kompetenz. Sie können ja nicht auf Erfahrungs- und Theoriequellen zurückgreifen, die ihren Mitchristen nicht zugänglich wären. Sie können auch nicht mit einem Ausschließlichkeitsanspruch auftreten, als seien sie die einzigen Interpreten des Evangeliums in der jeweiligen Situation: sie können nicht vorgängig zur Meinungsbildung der Gemeinden ein geschlossenes Lehrgebäude behaupten, wenn die Lehrinhalte erst aus dem gemeinsamen Suchprozeß heraus gewonnen werden. Dies heißt aber nicht, daß sie bloß die Einzelbeiträge der Christen zusammentragen, sie aufsummieren und den Durchschnittswert dessen, was im räumlichen Abstand und in der zeitlichen Distanz formuliert worden ist, ermitteln. Ihre unaufgebbare kirchliche Aufgabe besteht vielmehr darin, daß sie entsprechend ihrem Vorsteher-Amt immer wieder auf den Herrn und sein Evangelium und seine Geschichte hinweisen und die Träger des ersten und des dritten Wortes der kirchlichen Soziallehre – also die Basis vor Ort wie die reflektierenden Theologen – zur kritischen Unterscheidung vom Evangelium und der von daher entstehenden Soziallehre her ermutigen und daß sie selbst nach eigenem Urteil und in kommunikativer Verständigung prüfen, was in diesen Worten, die in der Regel ein Teilinteresse artikulieren, allgemeingültig und allgemeinverbindlich ist. Immer aber haben sie besonders darauf zu achten, ob nicht irgendwo in ihrem Zuständigkeitsbereich („in ihrem Sprengel") grundlegende Menschenrechte interessenbedingt verletzt werden. Hier haben sie – wie schon Paulus seinen Schüler Timotheus mahnte – „gelegen oder ungelegen" ihre Stimme zum Schutz der Wehrlosen und Schwachen zu erheben. Auf diese Weise können die Amtsträger einer Weltkirche nicht nur die Interessen der Christen vor Ort widerspiegeln und repräsentieren. Gerade wenn sie den umfassenden Horizont und damit die allgemeinen Interessen im Auge behalten und besonders, wo sie sich für die Schwachen, die Fremden, kurz für die Rechte der Armen einsetzen, stehen sie in jenem prophetischen Auftrag, den die Kirche in dieser Welt nie vernachlässigen darf. Gerade als Amts-Träger müssen sie hier auch dann zu dieser Rolle stehen, wenn eine Mehrheit der eigenen Ortsgemeinde aus eigenen Interessen sich dagegen sperrt.

Die dialogische bzw. kommunikative Kompetenz der kirchlichen Amtsträger hat sich seit dem Konzil in den Stellungnahmen regionaler Bischofskonferenzen verkörpert. Beispielgebend waren z. B. die Vollversammlungen der lateinamerikanischen Bischöfe in Medellin und Puebla, die Hirtenbriefe der US-amerikanischen Bischöfe zum Frieden und zur wirtschaftlichen Gerechtigkeit sowie der Sozialhirtenbrief der österreichischen Bischöfe.

■ *4. Gesellschaftliche Konflikte und Verständigung*

Die vierte Anfrage an die Lehrkompetenz der Kirche in sozialen Fragen ergibt sich aus der Spannung zwischen dem pluralistischen Charakter der modernen Gesellschaft und dem Anspruch der Kirche, absolute Wahrheiten und unverrückbare Normen zu verkünden. Während in der wertpluralen Gesellschaft die Verbindlichkeit von Normen aus der

Fairneß des Verfahrens, das zur Normfindung führt, begründet wird, wagt die Kirche vorgängig zum und unabhängig vom gemeinsamen Entscheidungsprozeß inhaltlich zu bestimmen, welche Normen den einzelnen Menschen und die menschliche Gesellschaft binden.

Andererseits stoßen die fortwährende Ausdifferenzierung der Gesellschaft sowie die beschleunigten Individualisierungsschübe an deutliche Grenzen. Je mehr die Teilsysteme der Gesellschaft der eigenen, nämlich partikulären Rationalität folgen und je mehr einzelne Teilsysteme unter die Dominanz beispielsweise des wirtschaftlichen oder des staatlichen Teilsystems geraten, um so mehr geht die Orientierung an der umfassenden Vernunft der Gesellschaft verloren. Die 80er Jahre haben in Ost- und Mitteleuropa die Funktionsschwäche des von einer Partei durchorganisierten Staates offenbart. In Westeuropa wird das menschliche Defizit einer von der einzelwirtschaftlichen Rentabilität beherrschten Gesellschaft beklagt. Die herkömmlichen Leitsysteme, Staat und Wirtschaft, scheinen also nicht mehr in der Lage, die Vernunft des Ganzen zu garantieren. So wird die Sehnsucht spürbar, ob nicht die soziokulturellen Lebenswelten sowie die religiös-ethischen Institutionen eine Art Systemführung übernehmen könnten. So richten sich ziemlich hohe Erwartungen wirtschaftlicher und staatlicher Führungskräfte an die Kirchen.

Die Kirchen können diesen Erwartungen allenfalls gerecht werden, wenn sie zugeben, daß sie keinen privilegierten Zugang zur kollektiven Erfahrung, zur theoretischen Analyse, zu den ethischen Optionen und politischen Wegen haben, daß sie gegenüber ihren Mitbürgerinnen und Mitbürgern über keine außergewöhnlichen Quellen des Wissens und des Interesses verfügen, um die komplexen wirtschaftlichen und sozialen Fragen zu lösen. Außerdem können sie nicht in der Rolle des wissenden Oberlehrers oder mit dem ausschließenden Anspruch auftreten, über die Quellen der vollen Wahrheit gesellschaftlicher und wirtschaftlicher Zusammenhänge zu verfügen. Sie können sich aber dennoch qualifiziert am gesellschaftlichen Dialog und an den kollektiven Entscheidungsprozessen beteiligen, ohne vorweg bestimmen zu wollen, welches inhaltliche Ergebnis zu erreichen ist.

Denn die Kirchen können ihre eigene Geschichte im Umgang mit der Person des Jesus von Nazareth sowie ihre spezifischen Erfahrungen in der Auseinandersetzung mit seiner Botschaft in den gesellschaftlichen Dialog einbringen: die Achtung vor dem Leben, das Bewußtsein der Personwürde eines jeden Menschen, das Gebot der Gewaltlosigkeit und das Engagement für den Frieden, die Option für die Benachteiligten und den Vorrang des Menschen vor lebensbedrohenden Strukturen, die Teilhabe und die Bestimmung der Güter dieser Welt für alle. Wenn sich die Kirchen mit diesen Leitbildern am gesellschaftlichen Dialog beteiligen, gestalten sie den Entscheidungsprozeß praktisch zu einem Verständigungsprozeß um. Sie übernehmen für die Gesellschaft als Ganze eine dialogische bzw. kommunikative Funktion, durch welche die Achtung der unveräußerlichen Würde wirklich jedes (auch des ärmsten) Menschen als Angelpunkt für die Gesellschaftsgestaltung, d.h. auch für die Politik zum Tragen kommen kann.

Auf die Kirchen – auch wenn man sie zunächst nur als religiös-kulturelle „Teilsysteme“ der modernen Gesellschaft verstehen will – kann nach der Erosion des Steuerungspotentials von Wirtschaft und Staat die große Verantwortung zukommen: solche Dialogräume und Gesprächsrunden anzubieten, in denen eine interdisziplinäre und systemübergreifende Verständigung ermöglicht wird. Wenn und insofern sie nicht in gesellschaftliche Teilinteressen verwickelt sind, können sie frei die Perspektive der ganzen Gesellschaft, der ganzen Welt und infolgedessen die Perspektive der in der Gesellschaft Benachteiligten zur Geltung bringen. Darin mag sich ihre Lehrkompetenz in sozialen Fragen vollenden.

Dafür ist sie „kompetent“, das steht ihr zu, das ist ihr aufgegeben!

Anmerkungen

1 Vgl. Römische Bischofssynode 1971: Die Gerechtigkeit in der Welt 32, 35, 6.
2 Die Evangelisierung in der Welt von heute 31.
3 Papst Johannes Paul II.: Centesimus annus Nr. 5 (5).
4 Papst Johannes Paul II.: Centesimus annus Nr. 5 (6).
5 R. Spaemann, in: P. Koslowski, Gesellschaft und Staat, Ernst Klett, Stuttgart 1982, L XVII.

Gott wirkt durch uns

Jeder einzelne ist gefordert

Mystik und Politik, so haben wir immer wieder in unserer Diözesansynode gesagt, darauf komme es an: Gotteswurzelung, die Folgen hat – im Alltag, in der Gesellschaft, in unserer Welt. Gotteswurzelung, Gott suchen, begegnen – das sei der Angelpunkt. Gott, dem lebendigen Gott wirklich begegnen, ihn erfahren – in unserer Wüste! Wie geht das denn?

■ *1. Gott suchen*

Wir suchen den lebendigen Gott. Mit Worten und Formeln, wie man sie durch die Jahrhunderte benützt hat, geht das einfach nicht. Sie kommen uns vor wie Worthülsen, leer. Was die Mystiker meinten, wenn sie vom unsagbaren Geheimnis Gottes reden, müßte wieder wirklich werden in unserem Herzen, in unserer Welt, für uns.

Beim Suchen nach der Wahrnehmung Gottes muß man Gefahren beachten: Was suche ich denn wirklich? Gott oder Erfahrung Gottes? Wenn ich Gott suche, dann muß ich mein ganzes Wesen öffnen, so daß er von meinem Leben Besitz ergreifen kann. Das ist eine radikale Forderung. Die Heiligen kannten sie und lehren uns, daß wir durch die Nacht all unserer Sinne gehen müssen, des Gedächtnisses, des Verstandes, der Gefühle, des Willens, damit Gott sie erfülle. Wenn man von der Erfahrung Gottes spricht, läuft man Gefahr, nur die eigene Erfüllung und Bereicherung zu suchen und nicht Gott. Dann erreichen wir nichts, denn unser Bemühen kreist ja um uns selber, wir machen Gott zum Mittel unserer Befriedigung. Das ist unwürdig. Das spüren wir alle. Wir müssen schon Gott suchen, den lebendigen Gott!

■ *2. Persönliche Begegnung mit Jesus*

Es geht um die Begegnung mit der Person Jesu, „In Jesus Christus, der da ist der Weg, die Wahrheit und das Leben" (Joh 14,6). Diese persönliche Begegnung soll in der Tiefe des Herzens stattfinden, in der konkreten Lebenssituation und in der Welt, in der wir leben. Er soll die umwandelnde Kraft unseres Lebens, unserer Gemeinde werden.

Das größte Hindernis, Jesus persönlich zu begegnen, besteht wohl bei uns vielleicht in unserer allzu großen Vertrautheit mit Ihm. Wir glauben, Ihn zu kennen; die meisten von uns haben schon als Kinder gelernt, an Ihn zu glauben; die Geschichten des Evangeliums haben wir hundertmal gelesen und gehört. Aber Ihm persönlich begegnen? – Sind wir denn schon einmal vor Ihm erschrocken?

Für viele scheint es leicht zu sein, an Jesus zu glauben – vielleicht deswegen, weil sie Ihm nicht unmittelbar begegnen, sondern den Geschichten über Ihn und den Lehrsätzen, in denen die Kirche sein Geheimnis zu fassen und zu verkünden sucht? Wenn wir uns aber dem ganzen Ernst Seiner Botschaft stellen, kann man schon vor Ihm erschrecken. Denn Jesus verkündet Gottes Herrschaft. Er beginnt, sie zu verwirklichen. Jesus bietet eine Alternative an, die einzige Alternative zu unserer Gesellschaft, so wie Gott die Welt will, wie wir unser Leben sehen und leben sollen, persönlich und in Gemeinschaft. Ob wir bereit sind, Jesus und seine Alternativen anzunehmen? Ihm persönlich zu begegnen?

Wem begegnet Er? Wem zeigt Er sich? Er kommt und zeigt sich denen, die nichts mehr haben, wenn Er nicht ist. Er zeigt sich denen, die Ihn sehen wollen! Wollen wir Ihn wirklich sehen, wollen wir Ihm wirklich begegnen? Brauchen wir Ihn? Sind wir arm ohne Ihn? Gibt es für uns nur noch Verzweiflung, wenn Er nicht ist? Oder sind wir nicht längst viel zu reich, zu „reich im Geiste"? Haben wir nicht viel zu viel, was uns über seinen Tod in uns hinwegtröstet, was uns schlafen läßt, wenn Er im Tode bleibt?

Ist Er uns vielleicht am Ende nur deswegen noch nicht begegnet, weil wir Ihn eigentlich noch nie vermißt haben? Gott zeigt sich denen, die Ihn vermissen. Wer aber vermißt Ihn wirklich? Am Ende sind es weit mehr, als wir meinen: jene, die immer eine Frage zu viel haben für alle Antworten, die ihnen ihre Lebenswelt gibt; jene, die auch daheim noch Heimweh haben; die lieber mit großen Hoffnungen unglücklich als mit kleinen zufrieden sind; und vielleicht viele von denen, die das Leben irgendwann unversehens hinter die Kulissen ihres Alltages geschleudert hat und die nun nur noch hinkend, wie einst Jakob, durch die ausgetretenen Straßen ihrer Welt ziehen – irgendwo zwischen der Wüste Ägyptens und Emmaus. Gott zeigt sich denen, die Ihn vermissen. Am Ende sind die vielleicht weit mehr, als wir meinen (wie die sich als atheistisch bezeichnende Bürgermeisterin, die nachdenklich Suchende, dazugehört).

■ *3. Mose Gottesbegegnung und Sendung*

Schauen wir einen Augenblick auf Mose; er begegnet Gott in der Wüste, am Berg Horeb. Diese Begegnung ist eine tief persönliche Erfahrung. Sie betrifft Mose nicht nur als einzelnen, sondern als Führer Seines Volkes. Mit ihr beginnt seine Sendung.

Das ist auch für uns bedeutsam. Gottsuchen, so sahen wir, ist nicht bloßes Verlangen nach persönlicher Erfüllung. Nie können wir hoffen, Gott und unser wirkliches Leben in Isolation zu finden, abgetrennt von der Welt, in der wir leben und für die wir Verantwortung tragen. Das ist ja auch so in unserer Synode. Unser Suchen nach Gott ist zugleich das Suchen nach dem rechten Platz in der Kirche, in der Gesellschaft, in der Welt. Jede Gottesbegegnung ist eine Sendung. Mose begegnete Gott im brennenden Dornbusch. Von altersher ist Feuer mit seiner verzehrenden Glut ein Symbol des Göttlichen. Dieses Feuer ist anders, als wir es kennen. Es zerstört und verzehrt nicht, es glüht durch die dornigen Zweige: nichts ist verbrannt, nichts scheint sich zu ändern, aber: alles ist anders! Mose ist ein neuer Mensch, Israels Geschichte beginnt. Wir brauchen Augen des Glaubens, um Gottes Gegenwart und Macht wahrzunehmen, dann werden wir den tiefen Wandel erfahren.

„Ich will sehen, warum der Busch nicht verbrennt", sagt Mose. Es ist unser Recht und unsere Pflicht, die Dinge unserer Welt zu erforschen. Gott aber läßt sich nicht erforschen. Zu Gott kommen bedeutet, Ihm persönlich begegnen. Gott ruft Mose beim Namen: „Mose, Mose!"; so ruft Er auch mich beim Namen. Mein Name ist meine konkrete Existenz, alles was ich bin; alles, was ich in Gottes Plan werden sollte. Wenn Gott meinen Namen ruft, kann meine Antwort nur sein: „Hier bin ich." In Gottes Gegenwart beginnt mein wirkliches Leben, es ist aufgehoben in Gott, ich gehöre nicht nur mir. Ich gehöre Gott und den Menschen, zu denen ich gesandt bin. In Absonderung, abseits von der Welt, kann es keine wahre geistige Erneuerung geben.

Für die Begegnung mit dem lebendigen Gott ist noch etwas wichtig. Das seltsame Wort Gottes an Mose macht es deutlich: „Leg deine Schuhe ab, denn der Ort, wo du stehst, ist heiliger Boden." Warum tragen wir Schuhe? Eben um die Füße sauber und warm zu halten und uns gegen Steine zu schützen. Schuhe machen uns stärker, wenn wir in die Berge steigen, und schneller im Sport. Schuhe tragen zu unserem Aussehen bei, sie können ein Standessysmbol werden. Alle diese Schuhe ziehen wir in Gottes Gegenwart aus, auch die bischöflichen. Vor Gott gilt kein Standessymbol, kein Versuch, besser oder stärker zu erscheinen. Wir sind barfuß, ohne Schutz, ich auch! Wir begegnen Ihm, wie wir sind: Hier bin ich, sagt Gott – in der Anbetung.

„Und jetzt geh!" sagt Jahwe dem Mose. „Ich sende dich zum Pharao. Führe mein Volk, die Israeliten, aus Ägypten heraus!" Hat das einen Sinn? Was hat Mose zu tun, wenn Gott selbst Sein Volk führen will? Und hat er es nicht vergebens versucht? Wie kann er nochmals gegen den Pharao aufstehen? Moses Antwort ist nur verständlich: „Wer bin ich, daß ich zum Pharao gehen und die Israeliten aus Ägypten führen könnte?“ Gott aber sprach „Ich bin mit dir.“

Gott wirkt durch uns. Immer ist unser Heil Gottes eigenes Werk und Geschenk, immer ist es aber auch unsere eigene Verantwortung. Es gibt keine Abgrenzung zwischen Gottes Werk und unserem eigenen Tun; es ist ganz Sein Werk und ganz unser Tun. Exodus, Auszug aus Ägypten, ist Gottes Großtat für sein Volk; durch alle nachfolgenden Jahrhunderte besingt Israel Gott für das Wunder seiner Macht (Ex 15). Aber Mose hat das Werk auszuführen in 40 Jahren voll Kampf, Unsicherheit, Entmutigung. Auch zu unserem gemeinsamen Weg gehören: Kampf, Unsicherheit, Entmutigung. Doch auch wir haben seine Versicherung: „Ich bin mit dir!“ Er erhält keine handgreifliche Hilfe von Jahwe, weder materielle Mittel noch Waffen, nur die Versicherung: „Ich bin mit dir.“ Nichts hat sich geändert und doch ist alles anders und neu! So ist es auch bei unserer Begegnung mit Gott.

Solidarisch miteinander umgehen

Die neue Art Kirche zu sein

■ *Einleitung*

Kurz vor Weihnachten 1991 hatte Papst Johannes Paul II. etwa 150 Personen – in der Mehrzahl Bischöfe aus allen Teilen Europas – zu einer sog. Bischofssynode eingeladen. Diese Synode hatte vorrangig zwei Ziele: erstens den osteuropäischen und den westeuropäischen Teil der katholischen Kirchen enger zusammenzuführen und zweitens Standort und Vorgehensweise der Kirche in Europa neu zu bestimmen. Es war eine Begegnung, die mein Bild von der Situation der Kirche und der Christen in Europa tiefgreifend geändert hat. Ich glaube, daß dasselbe auch für viele andere gilt, die an der Synode teilnahmen. Sie wird unser Denken, unser Leben und unsere Seelsorge tiefgreifend beeinflussen.

■ *1. Die Wirklichkeit Gottes wahr-nehmen*

Was wir erfahren haben, machte uns Westler immer stiller und kleiner. Ich vermag das vermutlich kaum wiederzugeben, will es dennoch versuchen, ich muß das versuchen. Wir alle müssen versuchen, unser Europa – ich meine das, was nun mal tatsächlich dazugehört – wahrzunehmen, wirklich „wahr"-zunehmen!

Für mich war die erste Überraschung diese: Bis zu dieser Bischofssynode meinte ich einigermaßen zu wissen, was in den letzten 40 Jahren in den Ländern Mittel- und Osteuropas geschehen ist. Es mag mit meiner früheren Tätigkeit als Sekretär der Deutschen Bischofskonferenz zusammenhängen: In dieser Zeit hatte ich zwar jedes Jahr fast alle erreichbaren Länder in Mittel- und Osteuropa besucht, vor allem aber um vieles häufiger Polen, nicht zuletzt wegen unserer gemeinsamen Versöhnungsbemühungen. Auf dieser Synode erst ist mir aber plötzlich deutlich geworden, daß die Geschichte der Kirche in Polen während der letzten 40 Jahre eine völlige Ausnahme ist im Gesamt der Länder Mittel- und Osteuropas. Wer „Polen" kennt, versteht noch längst nicht, was sich in den übrigen Ländern Mittel- und Osteuropas ereignet hat. Als ich dies eines Abends einem Bischof aus der Ex-DDR sagte, meinte er: Bei uns in der DDR war es schlimm, aber kein Vergleich mit dem, was in den anderen Ländern passiert ist; ich bin erschrocken.

Die Menschen in der Tschechoslowakei, Ungarn, Rumänien, vor allem in Albanien, in den baltischen Ländern, in der Ukraine, in Weißrußland, in Armenien und in den übrigen Ländern der bisherigen Sowjetunion haben Schlimmeres erlitten, als wir im Westen erahnt haben und noch heute vermuten. Manche Bischöfe waren nicht imstande, ihre Erlebnisse zu berichten und brachen ab. Es verschlägt einem den Atem, wenn etwa ein Bischof aus der Ukraine von den drei Phasen der Verfolgung der Kirche in seinem Land berichtet und von der zweiten Phase sagt, er könne darüber wenig sagen, da er in dieser Zeit 10 Jahre im Gefängnis verbracht habe, und dann erschütternd von der dritten Phase berichtet. Was hinter diesem einen Satz „10 Jahre im Gefängnis" stand – 10 lange Jahre – konnte man aufgrund der anderen Berichte erahnen.

Die enthielten aber auch anderes: Ich habe schreckliche Angst gehabt und war erschrocken, berichtete ein Bischof, wonach ich mich sehnte („Schluß, ich kann einfach nicht mehr!") – bis ich dann eines Tages vor Gericht stand. Schließlich war ich nach vielen Folterungen, Qualen allein und verzweifelt. Erst in dieser Lage dämmerte es von ferne in mir: Der, ein solcher wollte Gott werden, ist er geworden: konkreter, leidender Mensch! Es bohrte in mir! Eine bisher von mir gar nicht eigentlich wahr-genommene Welt tat sich auf: die Welt Gottes, die Welt von Gott her. Ich begann, Gott völlig neu „wahr"-zunehmen. Ich lächelte. Glück kam in mir auf. Wie eine ungeahnte Sicherheit, keineswegs allein zu sein. – Eines Tages, berichtete der Bischof weiter, durfte ich im Gefängnis-Innenhof eine halbe Stunde herumgehen und sah einen Mithäftling, noch schlimmer geschunden. Ich lächelte ihn an – und er machte große Augen und lächelte. Unfaßbare Kraft erfüllte mich, eine ungeahnte Sicherheit, die Welt wurde für mich anders, licht. Ich war innerlich frei, obschon im schlimmsten Gefängnis des Landes. Ich konnte die konkreten, leidenden Menschen verstehen, lieben, mittragen. Es ist schlimm, so schloß der Bischof seinen Bericht, erst in diesem Läuterungsprozeß habe ich Gott erfahren – und begriffen, welche Freiheit er schenkt und was Freiheit ist.

Einer schloß seinen schockierenden Bericht: Aber Brüder, versteht mich nur nicht falsch, ich bin wahrhaft kein Heiliger. Aber ich wollte nur sagen: Die Verfolgung ist eine Gabe Gottes, ein Geschenk!

Immer wieder verwahrten sich Bischöfe aus dem Osten, sie als Helden und Heilige zu sehen. Es habe gewiß solche gegeben, aber viel mehr Schwäche. Einer berichtete: Wenn ich an meine Gespräche denke – mit den zwei Polizisten. Ich war allein und hatte furchtbare Angst. Was ich dort gesagt habe und was ich nicht gesagt habe – ich muß jeden Tag daran denken, werde manche Nacht wach – und schäme mich zutiefst.

Wie ein Grundakkord durchzog übrigens viele Berichte: Der Kommunismus ist „vorerst" gefallen, aber seine schrecklichen Wunden sind noch da, werden noch lange da sein: Nicht nur, daß wir keine Kirchen haben und sehr häufig im Freien bei Wind und Wetter den Gottesdienst feiern müssen; nicht nur, daß wir einfach keine Räume und Mittel haben, Menschen zu versammeln; viele Menschen selbst sind einfach kaputt, in ihrem Menschsein verwundet: Es gibt keine Grundüberzeugungen mehr; alle Substrukturen in unserer

Gesellschaft sind zerstört; viele sind desorientiert, nicht wenige haben wirklich auf den Kommunismus gesetzt und von ihm gelebt – nun stehen sie vor einer schrecklichen Leere; unsere ganze Situation, sagten die Bischöfe aus dem Osten immer wieder, ist mehr als zerbrechlich: Eine Überwindung dieser Lage ist kaum in Sicht! Das kann, so sagten sie, zu autoritären und freiheitsfeindlichen Entwicklungen führen, „hoffentlich nicht wieder zum Kommunismus, die Gefahr ist jedenfalls noch längst nicht gebannt", meinten manche.

Dies andere Europa müssen wir doch wahrnehmen. Es gehört doch zu unserem Europa. Es muß uns doch angehen, jeden einzelnen und uns als Kirche, in der es doch – wie wir immer wieder mit Recht sagen – keine Ausländer gibt, niemand, der uns nicht Bruder, Schwester wäre. Das geht uns doch an.

Das wußten wir zwar immer. Aber wenn man dann konkret diesen Menschen begegnet und ihrer Geschichte und ihrer jetzigen Lage? Ob solcher Berichte waren wir aus dem Westen zunehmend kleinlaut und nicht wenig beschämt. Einige von uns sagten das auch und sprachen dann so über uns, den Westen und die etwas beschämende Lage der Kirche in ihr, wie wir es ja so gern tun und lesen können. Manchmal kommt einem unser Reden und Jammern über unseren angeblich so säkularisierten Westen und die angeblich so klägliche Lage der Kirche in ihr vor wie eine Art, die eigenen Hände in der berühmten Unschuld zu waschen.

Es waren dann überraschenderweise die Brüder aus dem Osten, die uns nach entsprechenden Äußerungen dieser Art unsererseits fast erregt sagten: Hört auf, euren Wohlstand und eure religiöse Situation madig zu machen. Was ihr in den letzten 100 Jahren und in den letzten 40 Jahren trotz aller Schwächen und Fehler dennoch „übergebracht" habt, ist für uns ermutigend und gibt uns Hoffnung. Euer Wohlstand birgt sicher auch Gefahren, aber er ist doch zunächst ein Geschenk und nicht zuletzt die Frucht der geistigen Entwicklung der letzten 100 Jahre: Die Freiheitsbewegung seit der Aufklärung hat sich zwar weithin – aufgrund vieler Mißverständnisse auf allen Seiten – gegen die Kirche durchsetzen müssen, aber war doch zutiefst vom Evangelium inspiriert und hat hoffnungsvolle Entwicklungen eingeleitet: Das Wachwerden der „Subjektivität" und Freiheit des Menschen, des einzelnen, hat die Menschenrechte klarer erkennen lassen, zur Entwicklung von Wissenschaft und Technik und schließlich Wirtschaft geführt, zur Demokratie usw. usw.

Das Zweite Vatikanische Konzil, sagten die Bischöfe aus dem Osten Europas, hat diese geistige Entwicklung der letzten 100 Jahre zum Ausgangspunkt genommen, das Evangelium und die Tradition neu zu lesen und zur Wiederentdekkung der von Gott immer gemeinten Kirche als wirklicher Gemeinschaft geführt, in der jeder einzelne Getaufte und Gefirmte auch als verantwortlicher Beauftragter verstanden und ernst genommen wird. Ihr habt im Westen von daher die Bibelbewegung, die liturgische Bewegung usw. aufgegriffen von einem neuen Verständnis von Kirche und Gemeinde her: der neue Zugang so vieler zum Wort Gottes, die Entfaltung der verschiedenen Dienste in der Liturgie, die Mitarbeit so vieler Laien in der Gemeinde und in der Gesellschaft; die Bereitschaft so vieler, mit der Kirche in der Dritten Welt zu teilen. Gewiß, meinten die aus dem Osten, gibt es bei euch auch Schattenseiten, Irritationen, schwer verständliche Verluste (Anbetung, Bußsakrament), aber es gibt doch die Sehnsucht nach religiöser Vertiefung, nach einer neuen Art, Kirche/Gemeinde zu sein. Das alles ist für uns im Osten ermutigend, wir möchten „von euch lernen", mit euch teilen.

So ging ein immer tieferes Ahnen durch die ganze Synode: „Europa" – das so häufig gebrauchte Wort fing neu zu sprechen an. Europa – eine dramatische, tragische, aber doch bewundernswerte Geschichte – und jetzt in einer geradezu historischen Stunde: Und wir, die beiden durch Jahrzehnte getrennten Teile Europas, haben einander viel zu sagen und mitzuteilen, unsere sehr unterschiedlichen Erfahrungen sollten wir austauschen und wirklich dabei voneinander lernen. Wir müssen auf neue Art Kirche sein. Immer häufiger fiel die Formel, daß diese „neue Art Kirche zu sein" heißen müsse: „Freiheit in einem anderen Miteinanderumgehen", in Gemeinschaft. Die Freiheit, zu der Christus uns befreit hat; die uns befähigt, anders, nämlich „solidarisch" miteinander umzugehen, Gemeinschaft, in der Gemeinde, im Bistum, im Land, in Europa und darüber hinaus.

Aber das alles – das war wohl unsere wichtigste Erkenntnis – das alles muß mit einer Umkehr von uns selbst beginnen. Wir müssen die Wahrheit Gottes, die Wirklichkeit Gottes erfahren und solche Erfahrungen vermitteln, ermöglichen helfen. Ohne solche Umkehr geht nichts.

Ausgerechnet ein Bischof aus Armenien schloß seine Wertung dieser geschichtlichen Stunde Europas mit dem Satz: „Völker Europas, ihr erlebt eine nie dagewesene Epoche der Hoffnungen und der Herausforderungen." Kann uns das wirklich unberührt, unverändert lassen?

■ 2. *Augen für die Anderen haben*

Wir alle müssen umkehren, „Augen für die Anderen" haben. Gott wollte eine wirklich radikale Umkehr Israels: Endlich nicht mehr Absperrungen gegen alle anderen, sondern genau umgekehrt: Gottes Kommen in Jesus Christus galt und gilt allen Rassen, allen Kulturen: „Augen für die Anderen!" wollte er – Umkehr! Er meint also alle – alle Rassen, Völker und ihre Kulturen. Das „Wort" wollte und will sich als „Licht" (Jesaja) in allen Kulturen einpflanzen, will in allen Kulturen „aufstrahlen" (Jesaja). Angesichts dessen kann in uns 1992 schon Nachdenklichkeit aufkommen, zumal, wenn wir nur an das Stichwort „500 Jahre-Gedächtnis-Entdeckung Amerikas" denken. Sind da nicht ganze Kulturen mißachtet, vernichtet und zerstört worden mit zahllosen Toten und schlimmen Tragödien? Und das durch Christen, die von unserem Kontinent kamen? „Augen für die Anderen"?

Gewiß sind diese schrecklichen Ereignisse damals äußerst komplex, und wir sollten uns hüten, sie nur von uns und von heute aus zu sehen, und vorsichtig sein mit vorschnellem Verurteilen und Schuldzuteilungen – zumal ja auch die Frage steht, ob wir denn heute überhaupt „Augen für die Anderen" haben, denn „Augen für die Anderen" haben, das heißt doch: Anerkennung der anderen in ihrem fremden Anderssein! Haben wir in diesem Sinne wirklich „Augen für die Anderen"? Einfach ist das ja nun wirklich nicht! Von Anfang an hat das Christentum um diese Anerkennungskultur gerungen. Beispielhaft auf dem Apostelkonzil (Apg 15): eine übrigens unserer geschichtlichen Stunde vergleichbare Entscheidungs-Situation! Sollten die aus einer anderen Kultur, damals aus dem Heidentum kommenden Christen beschnitten werden, wie es zur Kultur der aus dem Judentum kommenden Christen gehörte? Paulus, der Völkerapostel, weigert sich strikt und findet schließlich damit allgemeine Zustimmung. Der einladende Umgang mit den fremden Anderen ist eine urbiblische Haltung, die auch in den Jesusgeschichten ständig kommentiert wird. Die Nächsten im biblischen Zentralgebot der Nächstenliebe sind ja nicht primär die Nahen, sondern die Anderen, die fremden Anderen. Ist dies nicht in der europäischen Kirchengeschichte viel zu sehr verdunkelt worden? Gibt es nicht eine grandiose europäische und zutiefst auch deutsche Unempfindlichkeit gegenüber den fremden Anderen? Gibt es diese Unempfindlichkeit wirklich nur im Christianisierungsprozeß Amerikas oder nicht auch bei uns: keine Augen zu haben für die Spur Gottes in der Andersheit der Anderen? – Ausländer bei uns, Ostdeutschland, Mittel- und Osteuropa, Dritte Welt!

Gewiß, „Augen für die Anderen" zu haben, die Andersheit des Anderen anzuerkennen, zielt keineswegs auf eine schiere Verklärung der Anderen in ihrem fremden Anderssein. Auch das Anderssein ist nicht schon durch sich selbst

„in der Wahrheit". Sonst endete alles in einem vagen Relativismus der Kulturwelten, der schon den Keim zu neuer Gewalt in sich trägt. Die Anerkennung der Authentizität der Kulturwelten darf die in den europäischen Traditionen entwickelte Allgemeingültigkeit der Menschenrechte nicht preisgeben. Vermutlich wird eher eines Tages gelten: Menschenrecht bricht nicht nur Völkerrecht, sondern auch Kulturrecht. Bis dahin werden wir aber gewiß alle noch viel lernen müssen.

Jedenfalls, „Augen für die Anderen" – die sind buchstäblich notwendig, not-wendend:

„Aufwachen, die Augen öffnen": Diese immer wiederkehrende Aufforderung der Bibel kann geradezu als kategorischer Imperativ des Christentums gelten. Entgegen der landläufigen Rede vom wie auch immer verstandenen „blinden Glauben" besteht Jesus in Sachen des Glaubens auf gesteigerter Wahrnehmungsbereitschaft, versteht er den Glauben als eine spezifische Ausstattung des von ihm her neuen Menschen mit wachen Augen. So wäre das Christentum eigentlich eine Schule des Sehens, eine Überwindung unserer eingeborenen Sehschwierigkeiten, unserer kreatürlichen Narzißmen, unserer elementaren Angst vor dem genauen Hinsehen, vor jenem Hinsehen, das uns ins Gesehene unentrinnbar verstrickt und das uns nicht mehr unschuldig passieren läßt. In solchem Sehen von Menschen, die in unserem vertrauten Gesichtskreis unsichtbar bleiben, beginnt nämlich die Sichtbarkeit Gottes unter uns, befinden wir uns auf seiner Spur. Jesus rechnet in seinen Gleichnisssen mit unseren Sehschwierigkeiten, mit unseren eingeborenen Narzißmen. Er kennzeichnet uns als solche, „die sehen und doch nicht sehen". Gibt es womöglich eine elementare Angst vor dem Sehen, vor dem genauen Hinsehen? Was wir „Gewissen" nennen, ist doch auch ein Wissen, das aus solchem Hinsehen stammt und ohne solches Hinsehen nicht ist. Sehen wir Christen wirklich genau hin, wenn es nicht um Familie und Nachbarschaft,

Freunde, nicht um Bundesbürger geht? Erst da beginnt nämlich jene Sichtweise, die Jesus in seinen Gleichnissen meint: jene Sichtweise, die Nähe einräumt für die fremden Anderen.

Die Zeit fordert mehr denn je von uns, daß wir uns diese „Sichtweise“ zu eigen machen.

EINANDER MENSCHLICH BEGEGNEN

Achtung voreinander, Zusammenarbeit miteinander

Die vollzogene Einigung Deutschlands, die in Gang gekommene Einigung Europas und die dadurch entstandene neue Weltlage – hat das alles irgendwas mit unserem je eigenen und ganz persönlichen Leben zu tun?.

Nach Weihnachten kann es da keinen Zweifel geben. Weihnachten ist ja gleichsam das Fest einer neuen Solidarität – einer neuen Solidarität Gottes mit uns, insofern Gott unsere, der Menschen Natur und Art in seinem Sohn angenommen und in Ihm, Jesus Christus, die Konsequenz von Weihnachten der Menschwerdung Gottes erfahrbar gemacht hat: eine neue Solidarität, die man in Jesus Christus sehen und greifen kann, dessen ganzes Leben und Handeln ein reines „Für"-Sein, „Für" den Vater und „Für" die Menschen, ist. Er hat den in sich verkrampften, ständig um seine Selbstbehauptung besorgten Menschen gleichsam entbunden, neu geboren, ihm neues Vertrauen gegeben; der Mensch kann sich nun festmachen in Gott – "glauben" nennen wir das ja – und entsprechend nun „anders" (freier, gelöster, sicherer) auf andere zugehen; der Mensch kann jetzt „solidarisch" sein.

Das hat Jesus vorgelebt. Es ist ein radikaler Mentalitäts- und Haltungswechsel, eine Metanoia (Umkehr), die zu einer neuen Praxis führt: weg von der fatalen Ich-Zentriertheit, hin zum anderen. Eine neue Solidarität – von anderem Zuschnitt, von anderer Art als die mit dem Schlag-Wort „Solidarität" gemeinte und so häufig praktizierte, mit der man Geschlossenheit, Waffenbrüderschaft gegen andere einfordert. Solidarität der einen gegen die der anderen, etwa die der Gewerkschaften gegen die der Unternehmer und umgekehrt. Die von

Weihnachten herkommende neue Solidarität ist eine gänzlich neue, keine Waffenbrüderschaft, sie kommt nicht aus dem „Gegen“, sondern aus dem „Für“ – und meint sehr elementare Verhaltensweisen: Achtung voreinander (und zwar vor allen), Zusammenarbeit miteinander (und zwar mit allen) und Bereitschaft zum Teilen (und zwar mit allen).

Worin hat sie ihren Grund, diese neue Solidarität? In dem neuen Verhalten des menschlich gewordenen Gottes, in Seiner Solidarität mit allen. Aber Jesus bringt ja nur wieder zutage, schafft neu, was der Mensch im Grunde ist: ebenes Bild, Ab-Bild Gottes, Person, je einmalig, mit einer unantastbaren Würde, und gleichzeitig, gleichursprünglich auf den anderen hin angelegt, „für“ den anderen offen – und eben nicht „gegen“ andere, das wäre Verfall, Sünde. Darum schließt die neue Solidarität Solidarität mit allem ein, was Menschenantlitz trägt. Von irgendwelchen Grenzen ist bei Jesus Christus keine Rede.

Was brauchen wir heute und morgen (1991) mehr als diese neue Solidarität! Und wer spürt nicht, daß die Ermöglichung dieser neuen Solidarität (eben durch Weihnachten) uns in die Einigung Deutschlands, Europas und in die damit neue Weltlage involviert, verwickelt, uns alle persönlich unausweichlich in sie einbezieht. Wenn Weihnachten für alle das Geschenk einer neuen, nämlich unbegrenzten Solidarität ist, haben nicht nur Politiker, Wirtschaftler und Medienleute, sondern wir alle mit den neu auf uns zukommenden Verhältnissen in unserem Land, auf unserem Kontinent und in der Welt zu tun. Wir brauchen eine neue Kultur der Solidarität, die nicht aus dem „Gegen“, sondern aus dem „Für“ lebt und keine Abschottung erlaubt.

Was das konkret heißt?

1. Kein Zweifel: Die Menschen in unseren neuen Bundesländern haben Ungeheuerliches geleistet: Eine gewaltige Arbeit

ist von zahllosen Menschen auf allen Ebenen mit bewundernswertem Mut begonnen, auf den Weg gebracht worden.

Wen wundert es, daß sich riesige Probleme vor uns auftürmen: etwa die Abwicklung des in Gang Gesetzten, die Ausbildung, Arbeitsplätze und Eigentum, die mangelnde innere Sicherheit, die Notstände in der Pflege, die Alten und die Kinder – wer könnte nicht verstehen, daß die Seele da nur mühsam mitkommt? Hier liegen der wunde Punkt und die große Aufgabe. Staat, Währung und Wirtschaft sind wichtig, aber nicht alles, und sie können nicht alles. Das Verstehen muß hinzukommen, das Zueinander-Finden der Menschen als Menschen. Wir müssen „denen" in unseren neuen Bundesländern das Bewußtsein wiedergeben, daß sie nicht allein sind, daß wir sie mit ihren Lasten aufgrund 40jähriger unmenschlicher Belastung an- und ernst nehmen. Allein der Verstehende vermag eben durch sein Verstehen andere mitzutragen. Wir müssen schon die persönliche Geschichte jener Menschen mit all den Verletzungen und Verwundungen zu verstehen suchen. Verstehen kann heilen!

Wir brauchen eine neue Kultur der Solidarität ihnen gegenüber. Politische, wirtschaftliche und andere strukturelle Maßnahmen – die die Solidarität konkretisieren – sind notwendig, aber letztlich greifen werden sie nur, wenn eine neue Kultur der Solidarität auch Grundhaltung und Praxis jedes einzelnen in unserem Lande wird.

Es gibt ja die fatale Neigung, das Moralische, die Verantwortung der einzelnen für das Ganze überflüssig zu machen durch Strukturen, durch die richtig organisierte Gesellschaft. Dies brächte nicht nur eine kalte Gesellschaft – sie würde auch nicht gelingen: denn es geht nicht ohne verantwortliches, richtiges Verhalten und Handeln der einzelnen. Es geht nicht ohne eine neue Kultur der Solidarität: ohne Achtung voreinander, ohne Zusammenarbeit miteinander und ohne Teilen. Wir müssen einander menschlich, als Menschen begegnen.

2. Die Einigung Deutschlands ist undenkbar ohne die friedliche Revolution, die – in Polen und dann in der Tschechoslowakei begonnen – alle Völker Mittel- und Osteuropas ergriffen und den Marxismus und die gefährliche Blockbildung in Europa – und darüber hinaus – überwunden hat. Nun geht es um ein neues „Haus Europa". Im November haben die 34 Mitgliedsländer in der Konferenz über Sicherheit und Zusammenarbeit in Europa (KSZE) auf einem Gipfeltreffen in Paris die jahrzehntelange Spaltung Europas für beendet erklären können. Die östlichen Länder drängen nun auf Anschluß an die Europäische Gemeinschaft, die 1993 ihren Binnenmarkt vollenden will, die gerade die Wirtschaftspolitiken koordinieren und die Wirtschafts- und Währungsunion und politische Einigung ihrer bisher 12 Länder beschlossen hat. Im Vergleich zu dem sich jetzt zusammenfügenden Europa nimmt sich die bisherige „Europäische Gemeinschaft" der 12 recht zwergenhaft aus!

Das Hinzukommen der Völker Mittel- und Osteuropas eröffnet ungeahnte Möglichkeiten für alle, stellt aber auch alle vor noch nicht dagewesene Aufgaben. Es geht nicht nur um Aufbauhilfe, um finanzielle Investitionen und Knowhow, sondern um völlig neue Verhaltensweisen und Einstellungen. Und das in Ländern, in denen das sozialistische System durch 4 Jahrzehnte und mehr systematisch den einzelnen Menschen verachtet, demoralisiert, in seinem Menschsein verwundet und nicht selten zerstört hat. In Budapest sagten uns vor einigen Wochen Bischöfe aus diesen Ländern: Was Eigentum, Arbeit, Vertrauen ist, das wurde uns ausgetrieben. Wie sollen wir eine demokratische Gesellschaft werden, die Soziale Marktwirtschaft einführen und praktizieren, wo wir diese nie erfahren, nie geübt haben – und wo alle menschlichen und gesellschaftlichen Voraussetzungen fehlen? Aber wir gehören zu Europa und wollen wieder darin wohnen!

Gewiß, nicht nur Deutschland, auch die übrigen Länder, die ganze – bisher westliche – EG macht außergewöhnliche

Anstrengungen: wirtschaftliche Hilfe, Know-how-Transfer, Ermöglichung von Erfahrungsmitteilungen und Schulungen auf allen Ebenen und außerordentliche Hilfsaktionen wie im Augenblick für die Sowjetunion. Hier wird Solidarität praktiziert. Aber das erfordert ein Umdenken nicht nur in der Politik und Wirtschaft, sondern ein europäisches Denken von uns allen, um diese Politik der Solidarität zu ermöglichen, sie mitzutragen, auch wenn dies bedeuten kann, daß unser Lebensstandard stagniert und Opfer notwendig sind. Wir alle müssen „europäisch" denken lernen – müssen die Geschichte dieser Völker, ihre Eigenart respektieren und schätzen lernen und menschliche Begegnungen suchen.

Und gewiß sind die Befürchtungen nicht von der Hand zu weisen, daß die in Europa einerseits erreichte Freizügigkeit über die Grenzen hinweg und das starke Gefälle im Lebensstandard andererseits neue Völkerwanderungen auslösen könnten. Dies könnte für alle schlimm werden und ist ein weiterer Grund, alle Bemühungen zu stützen, die die Entwicklung und Konsolidierung in den Ländern ermöglichen und fördern.

Lew Kopelew, der seit Jahren unter uns lebende russische Schriftsteller, hat kürzlich gesagt: „Ein brennendes Zimmer kann das europäische Haus zerstören. Wir werden zusammen leben oder zusammen untergehen." Auch deswegen müssen wir zu einer neuen Kultur der Solidarität finden, die nicht nur Politik und Wirtschaft im Großen „europäisch" gestaltet, sondern auch Billigung und Förderung und menschliche Durchblutung durch uns alle erfährt, von uns allen in unserem menschlichen Verhalten und Begegnen mitgetragen wird. Verstehen heilt!

3. Wenn Weihnachten die Ermöglichung einer neuen Solidarität bringt, die Grenzen überwindet, dann dürfen wir trotz allen Engagements in Deutschland und Europa auch künftig nicht die Dritte Welt aus dem Blick verlieren. Wir kennen das traurige Massenelend in der Dritten Welt: Fast

eine Milliarde, also ein Fünftel der Weltbevölkerung, lebt gegenwärtig in absoluter Armut. Diese Menschen können ihre physischen Grundbedürfnisse (Nahrung, Wohnung, Gesundheit) nur unzureichend befriedigen. Etwa 450 Millionen Menschen sind ernsthaft unterernährt. Täglich sterben 40.000 Kinder an Hunger und anderen Mangelerscheinungen. 600 Millionen Menschen, fast die Hälfte der städtischen Bevölkerung, leben in Elendsquartieren, 100 Millionen sind völlig obdachlos.

Die Ursachen sind mannigfach und komplex: Gewiß sind es auch hausgemachte Probleme dieser Länder (unverantwortlich hohe Rüstungsausgaben, unterlassene Reformen zur Umverteilung), aber keineswegs allein. Die Abschottung der EG und der USA (ihre Agrar- und Textilpolitik z.B.) zum Schutz der eigenen Landwirtschaft und Industrie führte ab Mitte der 80er Jahre zu einem rapiden Verfall der Weltmarktpreise für die meisten Rohstoffe und Agrarprodukte. Und gerade die sind wichtige Einnahmequellen vieler, besonders armer Entwicklungsländer. Hinzu kommt die nicht ohne fahrlässiges Zutun der Industrieländer entstandene drückende Schuldenlast der Entwicklungsländer mit dem traurigen Ergebnis, daß seit 1984 per Saldo mehr Geld in die reichen Länder fließt als umgekehrt.

Klugheit, Weitsicht, Energie und vor allem entschlossener Mut und Geduld der verantwortlichen Politiker gerade auch in Europa werden notwendig sein, um mit dem Prozeß der europäischen Einigung gleichzeitig eine neue Solidarität mit den Ländern der Dritten Welt zu entwickeln: neue Wege weltweiter Entwicklungspolitik zu gehen, die dazu hilft, heraufziehende Katastrophen zu verhindern, das Gefälle zwischen Nord und Süd zu mindern und die schlimme Armut in den Entwicklungsländern zu überwinden. Eine solche weltweite solidarische Politik wird aber nur möglich sein, wenn sie von allen mitgetragen wird.

Und noch ein Wort zur Problematik des Weltbevölkerungswachstums und insbesondere zu der verbreiteten und immer wieder kolportierten Meinung: die Menschen in den Entwicklungsländern sollten weniger Kinder haben, dann wären viele Probleme gelöst (also: weniger Armut durch weniger Menschen). Tatsächlich gilt: weniger Menschen durch weniger Armut? Erst wenn ein anderes System sozialer Sicherheit als der durch viele Kinder geschaffen ist, werden diese Menschen bewegt werden können, auf eine größere Kinderzahl zu verzichten. Ein anderes Sozialsystem (etwa wie in Europa) wird aber erst möglich, finanzierbar sein, wenn die Wirtschaft der Länder in der Dritten Welt einigermaßen funktioniert.

Eine neue Kultur der Solidarität ist notwendig, eine Solidarität, die nicht aus dem „Gegen“, sondern aus dem „Für“ lebt, die niemanden ausschließt. Die Zukunft unseres Volkes, die Zukunft Europas, ja die Zukunft der Menschheit entscheidet sich an der Frage ihrer (der Menschheit, aller Menschen) Bereitschaft und Fähigkeit zur Solidarität, also zur Achtung voreinander, zur Zusammenarbeit miteinander und zum Teilen. Der Mensch ist gleich ursprünglich einmalige (unantastbare) Person und zugleich auf den anderen ausgerichtet und verwiesen. Seit der Menschwerdung Gottes ist Solidarität möglich. Jesus hat sie vorgelebt und uns dazu befähigt. Wir müssen Ihm nur nachfolgen. Solidarität ist die den Menschen allein gemäße Grundeinstellung. Wir alle müßten diese neue Kultur der Solidarität in unserer je eigenen Lebenswelt leben und erfahrbar machen. Die Kraft dazu ist uns geschenkt.

Dem Gemeinwohl verpflichtet sein

Zur politischen und sozialen Gestaltung Europas

Neubesinnung auf die europäische Kultur: „Gemeinwohl" ist nicht allein ökonomisch zu begreifen. Das zu betonen erscheint vor allem deshalb wichtig, weil im europäischen Einigungsprozeß das wirtschaftliche Zusammenwachsen ohne Zweifel am weitesten fortgeschritten ist. Von daher könnte der Eindruck entstehen, das Wesentliche sei im Grunde schon in die Wege geleitet: Wenn nur Europa ein starker Wirtschaftsraum wird, dann wachsen die anderen Aspekte der Einigung – Kultur und Soziales etwa – schon gleichsam automatisch nach. Dagegen steht die Frage, ob es sich nicht genau andersherum verhält: Allein weil Europa von seiner Wurzel her ein gemeinsamer Kulturraum ist, läßt sich überhaupt eine wirtschaftliche Einigung auf den Weg bringen.

Das europäische Gemeinwohl kann nicht allein als ökonomischer Fortschritt und Wohlstand definiert werden. Der wirtschaftliche Einigungsprozeß produziert sogar neue Probleme, die er selbst nicht mehr zu lösen imstande ist und die schließlich sogar sein eigenes Gelingen gefährden. Der Berliner Theologe Matthias Lutz-Bachmann hat zwei solche durch den wirtschaftlichen Fortschritt hervorgebrachte Problemfelder wie folgt beschrieben: „Zum einen sind die Auflösungserscheinungen der Sowjetunion und der anderen sozialistischen Staatsmächte in Osteuropa begleitet von alten, nicht gelösten Nationalitätskonflikten, in denen sich auch die explosiv angespannte soziale und wirtschaftliche Misere dieser Länder entlädt. Zum anderen artikulieren sich im Innern aller europäischen Gesellschaften alte und neue Aggressionen gegen Minderheiten, insbesondere gegen Fremde, gegen

Asylanten und gegenüber sogenannten „Ausländern". An beiden Krisenphänomenen wird deutlich: Das ökonomische System, das einerseits die Integration Europas vorantreibt, schafft sich andererseits selbst seine sozialen Spannungen, die dann auch die Form neuer national motivierter oder rassistischer Auseinandersetzungen annehmen können.

Eine Reaktion darauf ist die Feststellung, daß zwar Europa in großem Maßstab zusammenwachsen wird, wobei die Größenordnung „Nation" zugunsten der Rechte des Europäischen Parlamentes an Bedeutung abnehmen wird, daß aber zugleich im geeinten Europa die „Regionen" und die Bundesländer eine größere Bedeutung haben werden als bisher. Wie diese Konstellation politisch gestaltet werden kann, ist eine wichtige Frage. Für die politische Konstitution eines europäischen Bundesstaates wird die kulturpolitische Verantwortung besonders der Regionen und Bundesländer von höchster Bedeutung. Wichtiger aber scheint mir zu sein, was zunehmend deutlicher wird: Die neuen, eben angedeuteten Konflikte, welche vom ökonomischen Prozeß selbst hervorgebracht werden, können nur durch einen kulturellen und geistigen Einigungsprozeß aufgefangen werden.

Aber auch hier ist noch einmal Vorsicht geboten: Wer meint, der Sinn des anzustrebenden kulturellen und geistigen Einigungsprozesses bestehe allein darin, die „Reibungsverluste" eines rasanten wirtschaftlichen Fortschritts einigermaßen zu kompensieren, der gesteht ihm nicht die Bedeutung zu, die ihm meiner Ansicht nach zukommen muß. Denn in jenem Denkmodell würde letztlich immer noch die Ökonomie allein das europäische Gemeinwohl bestimmen, während Sozialwesen, Kultur und weitgehend auch die Geisteswissenschaften nur als Puffer dienten, um gewisse Härten etwas aufzufangen. Noch einmal: Wäre europäische Kultur allein eine Kultur der Ökonomie, während ansonsten „Kultur" zu einem Begriff verkäme, der rein die private oder bestenfalls regionale Lebensgestaltung bezeichnete, dann hätten wir es mit einer „Kultur ohne Stachel" zu tun – wie Jürgen Habermas es formulierte –, die von „bloßen Kompensationsbedürfnissen aufgesogen“ würde und unfähig wäre, einer „Entropie des Sinns“ in der modernen Gesellschaft entgegenzuwirken. Kultur verkäme leicht zur bloßen Unterhaltung: ein konsumorientierter Hedonismus könnte schon als „Lebensqualität“ gelten, das Leben der Menschen verkäme zur reinen „show“.

Gegen diese schlimme Vision, die einer Pervertierung des Kulturbegriffes gleichkäme, hilft also – in Anlehnung an Habermas – nur eine „Kultur mit Stachel“, die in ihren wesentlichen Grundzügen gerade nicht vom Paradigma des Ökonomischen geprägt ist. Eine Kultur also, die der Dominanz des Ökonomischen und der Trivialisierung des Menschen zum Konsumwesen dadurch widersteht, daß sie neu beginnt, den Menschen als jenen zu definieren, der unabweisbar auf einen tieferen Sinn hin angelegt ist.

Es besteht zur Beförderung eines nicht eindimensional bloß wirtschaftlich-materiell verstandenen Gemeinwohls daher die dringende Aufgabe der Entwicklung einer gemeinsamen europäischen Kultur authentischen Lebens.

Wir müssen uns der Kraft erinnern, die der modernen Gesellschaft und auch der politischen Kommunikation – wie Habermas feststellt – aus der „religiösen Überlieferung“ erwachsen könnte: in ihr sei eine Dimension von Transzendenz enthalten, ohne die der Anspruch des kritischen, selbständigen Denkens in der modernen Gesellschaft nicht einlösbar sei. Das führt uns an die Frage nach der Bedeutung und Gefährdung der Kultur im Europa von heute heran: Eine Kultur ohne religiös vermittelten Transzendenzbezug und ohne Ort der kritischen Selbstreflexion der Wissenschaft würde weder der kulturellen Überlieferung Europas noch der uns heute gestellten Aufgabe eines dem Gemeinwohl verpflichteten vereinten Europas gerecht werden können.

Allerdings kann die christliche Verkündigung heute – auch um ihrer eigenen Botschaft willen – nicht darauf verzichten, im Rückgriff auf ein ausgearbeitetes Konzept von

Vernunft sich öffentlich vernehmbar zu artikulieren. Das heißt: Diese innere Hinordnung der christlichen Glaubensauslegung auf Vernunft läßt Christen keine andere Wahl, als im Anschluß an eine Kultur der diskursiven Reflexion und der Aufklärung die eigenen Geltungsansprüche zu begründen und so einer säkularen Gesellschaft verständlich zu machen. Das Modell für eine solche positive Zuordnung von Vernunft und christlichem Glauben ist unter den Voraussetzungen der mittelalterlichen Kultur systematisch erstmals von Thomas von Aquin im Zusammenhang mit seinem Entwurf von Theologie als Wissenschaft formuliert worden. In dieser Tradition müssen Kirche und Theologie um der geistigen Identität der europäischen Kultur willen den inneren Bezug von Kultur und gelungener menschlicher Lebensidentität auf Gott deutlich machen. Das ist der primäre Dienst der Kirchen für eine erneuerte Kultur in Europa: Wir müssen als kritische, tolerante und offene, aber auch als eindeutige Vertreter einer religiösen Tradition versuchen, die Aktualität der christlichen Botschaft im Horizont einer Erfüllung und Überbietung des Erkenntnisanspruchs der Wissenschaften und der Philosophie verständlich zu machen. Wir können nicht zu der postmodernen Strategie Zuflucht nehmen, die Wahrheitsfrage durch schlechte Pluralisierung, unbegrenzte Relativierung oder bürgerliche Privatisierung von Religion zu verdrängen. Zu dieser Aufgabe gehört auch die Kritik an einem instrumentellen Vernunftskonzept, das sich in einem einseitigen, szientistischen Selbstverständnis von Wissenschaft problematisch auswirkt, bis hin etwa zu den europa- und weltweit unübersehbaren Umweltproblemen. Hierzu zählt aber auch eine Auseinandersetzung mit den neuen, durch den Fortschritt der Technik und die ungeheure Ausweitung von Handlungsmöglichkeiten aufgeworfenen ethischen Probleme, denn davon werden die Fragen des Anfangs und des Endes menschlichen Lebens und damit das Problem der Würde des Menschen selbst betroffen. Wie dringend diese ethische Diskussion über die politische und soziale

Gestaltung Europas ist, belegen beispielsweise die Ausführungen Peter Sinners, dessen ethischer Utilitarismus direkt gegen einen substantiellen Begriff der Menschenwürde zielt. Solche Beispiele mögen deutlich machen, daß das sich einigende Europa mehr denn je auf eine authentische Kultur angewiesen ist, wenn es sich nicht blind ökonomisch oder wissenschaftlich-technisch bedingten Entwicklungen und damit neuen Unfreiheiten überlassen will. Ohne eine solche erneuerte Kultur wird ein europäisches Gemeinwohl nicht erreichbar sein.

Gott sorgt sich um unser Leben

Umkehren zu unserer Freiheit, unserem Glück, unserem Heil

■ *1. Ostern*

Maria Magdalena steht vor dem Grab und weint. Maria Magdalena weint. Viermal steht's da. Die Tränen sind das Grundwasser der Seele. Sie kommen aus der Tiefe, übrigens auch bei großer Freude die Freudentränen. Ob die, die das Weinen verlernt haben, sich noch richtig freuen können?

„Frau, warum weinst du?" fragen die Engel. Die Tränen haben ihren Grund. Maria hat Jesus verloren, der ihr Ein und Alles war, ihr Leben. Damit ist's aus. Soll man da nicht weinen? Viele von Ihnen können gewiß nachempfinden, was das heißt, wenn man seine Hoffnungen begraben hat. Das geht an die Substanz. Das ist zum Heulen, weiß Gott. Es geht ja hier im Evangelium nicht um irgendwen oder irgendwas, sondern um Jesus. Er ist der Grund der Tränen. Haben wir schon einmal geweint, weil wir Jesus verloren haben? Würde uns das so tief treffen?

Wie tief geht der Glaube, bis zum Grundwasser unserer Existenz? Jesus verlieren – mancher hier wird denken: Ich kann mir das für mich nicht vorstellen. Und dann muß er das auf einmal bei seinen Kindern erleben. Das kann einem das Herz zerreißen. Das ist zum Weinen.

Maria Magdalena sucht Jesus. Sie sucht den Leichnam im Grab: „Man hat meinen Herrn weggenommen, und ich weiß nicht, wohin man Ihn gelegt hat." Sie sucht Jesus in der Vergangenheit, bei den Toten. Aber dort ist er nicht zu finden. Sie hätte aufmerken können: Das leere Grab, die Engel ... Wir haben gut reden – hinterher. Wenn jemand ganz am Ende ist, todtraurig, mit Tränen in den Augen, dann blickt er schließlich nicht mehr durch. Maria ist so nach rückwärts gewandt, daß sie nicht sieht, wie Jesus lebendig vor ihr steht. Bei allem Einsatz und allem guten Willen erkennt sie Ihn nicht. Niemand findet Jesus, wenn Er sich nicht von ihm finden läßt.

„Maria", sagt Jesus, dieses eine Wort, das von Herzen kommt und zu Herzen geht. Das ist alles. Keine Belehrung, keine feierliche Erklärung in Sachen Auferstehung, schon gar nicht ein Appell, sondern ganz einfach: „Maria", du, dich rufe ich beim Namen, du bist mein. Da gehen ihre Augen auf. Sie ist gefunden von dem, den sie sucht. So wird Ostern.

Zweimal wird gesagt, daß Maria sich umdreht: die große Wende, vom Tod zum Leben, Umkehr zum Leben. Sie sucht – rückwärts gewandt – den Leichnam und sie findet – sich umwendend – den Auferstandenen. Da dreht sich alles um. Da gerät der Mensch außer sich. Das ist nicht zu fassen ... Ostern, der Auferstandene – nicht zu fassen ... „Halte mich nicht fest." Jesus ist nicht zu fassen. Es geht auch nicht einfach so weiter wie vorher. Neues hat sich ereignet. Kaum zu glauben, nicht zu begreifen. Man kann sich „nur" ergreifen lassen – wie in der Liebe. Da gerät man außer Fassung.

Wir möchten Jesus haben, wie Maria. Wir möchten etwas in den Händen haben, zum Vorzeigen für andere und zur eigenen Vergewisserung. Man kann Ihn nicht für sich festhalten. Er ist nicht zu „haben", so daß man seiner habhaft werden könnte, zur Demonstration. Es ist wie bei den Menschen, die sich lieben. Da sagt der eine zum anderen: Ich möchte ganz dein sein – das wird aber von Grund auf verkehrt, wenn dieser den anderen einfach haben will; wenn er das freie Versprechen, ihm zu gehören, in ein Verfügungsrecht verkehrt. Liebe ist nicht „zu haben". Der Glaube ist nicht „zu haben".

Man muß schon ständig umkehren: Wende dich um, aus deinen eigenen Nöten, hin zu Jesus; suche keine Fluchtwege hierhin oder dorthin, sondern suche Ihn! Dann wird der Herr dich mit deinem eigenen neuen Namen ansprechen:

„Maria!" „Du!" Wir alle sind Maria von Magdala. Müssen umkehren zum Leben.

■ 2. *Leben in Fülle, nicht in Masse*

Umkehr zum Leben! Wenn unser Leben etwas mit dem Tod Jesu Christi zu tun hat, dann heißt Leben: Das eigene Selbst loslassen, Leben erfüllt sich im Leben für andere. Leben wächst in der Liebe, und die hat mit Sterben zu tun. Siehe Jesus: Sein Tod ist letzter Ausdruck von Liebe. In jeder echten Hingabe ist ein Stück Tod. Weil der Mensch nicht sterben will, kann er nicht mehr leben. Wo dieser Zusammenhang – Leben ist Hingabe – nicht mehr gesehen wird, wo das Selbst-Loslassen, Sterben und Tod verdrängt werden, ist das Leben nicht voll im Blick. Und vom Auferstandenen her erfahren wir auch, daß wahres menschliches Leben einzig in Freiheit von selbst auferlegten Zwängen und Grenzen gelebt werden kann – nicht im stressigen Aktivismus, mit dem wir mißtrauisch unseren Besitzstand schützen wollen, nicht in angstfixierten Überlebensstrategien, sondern einzig in Freigebigkeit. Nur derjenige ist frei (lebt), der frei zu geben und andere angstlos freizugeben vermag. Frei ist nur, wer anderen das Leben gönnt – und ihnen vom eignen das vergönnt, was sie dazu brauchen. Leben besagt freigeben, Sucht ist des Lebens Tod. Die freieste Freiheit ist die liebendste Liebe, das tätigste Schenken – sie ist Freigebigkeit.

■ 3. *In unserer Gesellschaft*

Ist das also nicht so in unserer Gesellschaft? Wir haben unser Verständnis von „Leben" schrecklich eingeengt – und verstehen so das Leben (unser Leben) nicht mehr. Hektik! Die Masse hat die Fülle ersetzt. Das Haben verdrängt das Sein. Die Forderung erdrückt das Danken. Das Diesseits verdrängt das Jenseits. Der Ursprung von allem, die Quelle von Leben, die tiefen Dimensionen von Leben, deren Fülle scheinen schon vergessen. „Leben“ wir noch? Das „Annehmen des Lebens“, wie es Jesus Christus angenommen hat – aus Gottes Hand und für die anderen – fällt uns schwer. Darum fällt uns auch das Einander-Annehmen schwer, so schwer, daß wir zu völlig falschen, ja unverantwortlichen Fragestellungen kommen – bis hin zum schrecklichen „Du oder Ich?“ der ungewollt Schwangeren. Diese unzumutbare Alternative, die sich in panischer Angst in ihrem Kopf meldet, wird ihr doch auch von der öffentlichen Meinung vorgesprochen. Wir alle bedrohen das Leben durch unsere ganze egoistische Lebensform, unsere Denk- und Verhaltensweise, die die Fülle des Lebens, seine tiefen Dimensionen und seinen Verantwortungscharakter nicht mehr wahrnimmt. Unsere ganze Lebensform, nicht nur die Abtreibung – deren letzte grausame Konsequenz – bedroht das Leben.

Müßte nicht unsere ganze Gesellschaft erschrecken ob der unglaublichen Fragestellung „Du oder Ich"? Müßte nicht unsere ganze Gesellschaft erschrecken ob der unverantwortlichen Meinung, die aber von vielen todernst vertreten wird: das Selbstbestimmungsrecht der Frau stehe über dem Lebensrecht des ungeborenen Kindes? Müßte nicht unsere ganze Gesellschaft erschrecken ob der peinlichen, alle Menschenwürde und -rechte höhnenden Zielsetzung ganzer Parteien: das Töten ungeborener Kinder ganz oder wenigstens für die ersten Lebensmonate des ungeborenen Kindes straffrei zu stellen?

Im deutschen Einigungsvertrag hat sich der Gesetzgeber verpflichtet, in all diesen das Leben wahrlich betreffenden Fragen bis Ende 1992 eine gesamtdeutsche Lösung gefunden zu haben. Welche nur?

Müßte nicht die ganze Gesellschaft, müßten nicht zumindest alle Christen aller Bekenntnisse um der ungeborenen Kinder und um des Lebens willen – angesichts des für uns gekreuzigten Auferstandenen – und um unserer Gesellschaft willen aufstehen und zu einer „Umkehr zum Leben" aufrufen – und selbst damit beginnen? Zu einer „Umkehr zum Leben", die bei uns selbst erfolgen muß, aber auch eine öffentliche Diskussion entfacht: was sind das für eine Gesellschaft und für ein Staat, in dem Kinder ein Unglück sind? In dem Frauen die Schuld auf sich laden müssen, die wir alle produzieren? In dem kinderfeindliche Arbeitsbedingungen Familien zerreißen? Wo Kinder abzutreiben offiziell bestraft wird und Kinder aufzuziehen inoffiziell? Wo die soziale Notlage genügt, unerwünschte Kinder zu töten – und man vom sozialen Wohlfahrtsstaat spricht?

Wir müssen aber auch endlich aufhören, die tatsächliche Notlage vieler Frauen wegzudiskutieren und pharisäerisch die Schuld allein einzelnen zuzuschieben. Wir müssen die unheilige Solidarität der Lebenden gegen das ungeborene Leben aufkündigen. Es genügt nicht: Hier ein paar Sandkästen, dort ein alternatives Eltern-Kind-Haus. Wir müssen die Kinder dieser Gesellschaft als „unsere Kinder" begreifen und an einer Kinder an- und ernstnehmenden Gesellschaft bauen, wie Jesus mit unüberhörbarer Mahnung das Kind „in ihre Mitte" stellte. Wir müssen alle umkehren zum Leben.

Vielleicht sagen viele: Utopie! Das kann aber doch nicht das letzte Wort von Christen sein, schon gar nicht angesichts Ostern und angesichts dessen, worum es Jesus lebenslang ging: Leben ist Hingabe, Liebe – nicht „Du oder Ich?". Natürlich – wir können nicht allein an die Politker und an den Staat appellieren. Appelle helfen nicht. „Umkehr allein zum Leben".

Darum haben die deutschen Bischöfe für Juni dieses Jahres zu einer „Woche ‚Umkehr zum Leben'" aufgerufen. Und ich möchte heute und an dieser Stelle alle Christen und alle Gemeinden unseres Bistums eindringlich aufrufen, sich mit allen Menschen guten Willens an dieser Initiative zu beteiligen. Gesinnungs- und Zuständereform, Änderung unseres Denkens und Verhaltens – nur so können sich die Zustände ändern.

Uns sorgen um das Leben, wie Gott, der sich als sorgender Gott geoffenbart hat, als Er zu Mose sagte: „Ich bin der ‚Ich-bin-da‘ “. Ist nicht der sorgende Gott Fleisch geworden in Jesus von Nazareth? Ist nicht das Leben Jesu bis hin zu Tod und Auferstehung eine einzige Sorge Gottes um unsere Freiheit, unser Glück, unser Heil – um unser Leben? Sollte uns das nicht ermutigen?

Freiheit und Gerechtigkeit realisieren

Die neue Solidarität als Schlüssel zur Zukunft

■ *Eine neue Kultur der Solidarität*

Müssen wir nicht *ein neues Bewußtsein der Solidarität entwickeln?* Eine neue Solidarität ist der Schlüssel zu einer Zukunft, die Freiheit *und* Gerechtigkeit realisiert. Wir brauchen eine wirkliche Kultur der Solidarität.

Ich weiß, daß heute mit dem Appell an Solidarität oft Mißbrauch getrieben wird. Wir sollten uns dadurch nicht entmutigen oder gar ein Sprechverbot auferlegen lassen. Statt dessen müssen wir klar und deutlich umschreiben, was wir meinen, wenn wir vom Grundwert der Solidarität sprechen, der mehr und mehr zur Grundlage und zum Ferment einer freiheitlichen und gerechten Sozialordnung werden soll.

Wir wissen, daß *Solidarität ein Bewußtsein der Zusammengehörigkeit* ist, das Menschen miteinander verbindet und gemeinsam engagiert. Wir kennen auch die vielen historischen oder alltäglichen Beispiele dafür, wie diese Erfahrung der Gemeinsamkeit wachsen und gestaltet werden kann – nicht nur, aber oft im Kontext einer gemeinsamen Notlage. Dies gilt für die historische Solidarität der Arbeiterschaft, deren Symboltag, den 1. Mai. Es gilt für die Solidarität derer, die – angefangen von der Gewerkschaftsbewegung in Polen bis hin zu den Leipziger Montagsdemonstrationen – gegen die Unfreiheit aufstanden. Es gilt auch für die Formen solidarischen Engagements im kleinen – im Beruf, in der Nachbarschaft oder in der eigenen Familie. Immer ist etwas Gemeinsames – Bedrohliches oder auch Beglückendes – die Basis der Solidarität.

Ich möchte jedoch als entscheidende Basis der Solidarität noch ein Weiteres nennen: daß die Menschen alle Person sind. *Die menschliche Würde* – die Personalität – *ist die ethisch entscheidende Grundlage der Solidarität.* Der Papst und auch die katholischen Sozialethiker haben dies in jüngster Zeit mit aller Klarheit neu herausgestellt. Daß alle Menschen Person sind, schafft eine universale Gemeinsamkeit und eine globale Solidarität.

Wenn ich von der Solidarität als dem Schlüssel zur Zukunft spreche, dann denke ich daran, daß uns das Bewußtsein von der Gemeinsamkeit aller Menschen als Person den Weg in jene Zukunft bereiten wird, in der Freiheit und Gerechtigkeit zum Ausgleich finden. Steinig ist dieser Weg bestimmt, weil die Solidarität der Menschen als Person immer auch in Spannung steht zu unterschiedlichen Interessen, die Menschen in einen Widerstreit bringen. Doch sollte der Interessenpluralismus nicht zu enggeführten Solidarisierungen bloß innerhalb der eigenen Interessengruppe führen, so daß die fundamentale Solidarität der Personen verdunkelt oder gar aufgekündigt wird. *Gruppenegoismus ist und bleibt unsolidarisch.*

Nimmt man die menschliche Person als Ausgangspunkt der Solidarität, so ist zugleich – auch darauf machen die Sozialethiker aufmerksam – *die Dringlichkeit der Subsidiarität* neu belegt. Es widerstrebt dem Ethos der Solidarität, die Entfaltungskräfte der Menschen und ihre (gemeinwohlorientierten) Zusammenschlüsse durch Interventionen von oben zu lähmen oder zu zerstören. Dann würde ja die Grundlage der Solidarität, die menschliche Würde, negiert. „Der Wohlfahrtsstaat, der direkt eingreift und die Gesellschaft ihrer Verantwortung beraubt, löst den Verlust an menschlicher Energie und das Aufblähen des Staatsapparates aus“, sagt der Papst in seiner letzten Jubiläums-Enzyklika „Centesimus Annus“ (CA 48). *Solidarität will und fördert die freiheitliche Verfassung,* die die Subsidiarität als Baugesetz der Gesellschaft respektiert.

Solidarität will und fördert zugleich die gerechte Verfassung der Gesellschaft. Sie lebt aus der Überzeugung, daß *alle* Menschen in ihrer Würde anzuerkennen sind. Soziale Gerechtigkeit trägt dafür Sorge, daß Bedingungen der gegenseitigen Zuordnung der Menschen geschaffen werden, die deren gemeinsamer Würde angemessen sind. So bereitet Solidarität der Gerechtigkeit den Weg.

Es übersteigt meinen Auftrag, diese Vision einer solidarischen Zukunft, die ich für sehr entscheidend, für grundlegend halte, hier weiter zu entfalten. Warum Solidarität universal alle Menschen und global die ganze Welt umspannen muß, ist klar: Sie beruht auf der gemeinsamen Würde der Menschen. Daß sie zugleich die Freiheit *und* die Gerechtigkeit fördert, ist ebenso klar. Die Rede von Solidarität ist alles andere als ein abgenutztes Füllwort. Sie ist der *Appell an einen Wert, der zum Kern jedes katholischen Sozialprogramms gehört.* Wir brauchen eine neue Kultur der Solidarität, ein lebendiges, sozial kreatives Bewußtsein der Zusammengehörigkeit – quer zu allen Interessengegensätzen. Sie ist für uns Christen zudem ein Ausdruck unseres Glaubens daran, daß die gemeinsame Würde der Menschen ihren Grund in Gott hat: in seiner Liebe, in der er uns erschaffen und in Christus erneuert hat.

Es stimmt: Die Solidarität ist nur Ausdruck unseres Glaubens. Man muß dann aber auch sagen: Unser Glaube fordert die Bereitschaft zur Solidarität. Indem die Kirche – wie Johannes Paul II. in seiner neuen Enzyklika sagt – die „Wahrheit" sowohl „über die Erschaffung der Welt" verkündet, „die Gott in die Hände der Menschen gelegt hat", als auch die „Wahrheit über die Erlösung" predigt, „durch die der Sohn Gottes alle Menschen gerettet und sie zugleich miteinander verbunden hat" (CA 51), gibt sie der Solidarität ihre tiefste Begründung und Verwurzelung. Von uns Christen ist darum ständige Umkehr verlangt, um den Glauben an die gemeinschaftstiftende Erlösung zu vertiefen und so das Bewußtsein der Solidarität in uns selbst zu verlebendigen.

Dies um so mehr, je stärker uns selbst „die heute verbreitete individualistische Denkweise“ (CA 49) ergriffen hat, von welcher der Papst spricht.

Ich hoffe, es ist genügend deutlich geworden, was Solidarität meint und warum wir eine neue Kultur der Solidarität brauchen: um der Menschen willen. Solidarität ist eine persönliche, kommunikative und religiöse Haltung mit universaler Reichweite: das entschiedene Interesse am anderen, wirksames Engagement für das Leben und Wohlergehen eines jeden Menschen, für eine faire Verteilung der Güter der Erde, die allen gehören, für die gleiche Rangstellung eines jeden und seine Beteiligung an gesellschaftlichen Vorgängen. Solidarität steht für eine Beteiligungsgerechtigkeit, die Frieden schafft (SRS 38).

■ *Bewährungsfelder der Solidarität*

Ich weiß, daß Solidarität, die eine Haltung ist und Erfahrung braucht, *nicht von heute auf morgen geschaffen werden kann.* Sie muß wachsen – und diesem Wachstum legen sich Hindernisse in den Weg. Doch denke ich, daß gerade wir Christen zu ihrem Wachstum beitragen können und sollen bis hin zur Schaffung auch solidarischer Strukturen. Ich will bloß in einigen Punkten verdeutlichen, welches die konkreten Bewährungsfelder einer neuen Kultur der Solidarität sein könnten.

Deutschland steht mehr als andere Länder im doppelten Kraftfeld des östlichen wie auch des westlichen Aufbruchs. Im Prozeß der Vereinigung spielen, wie wir täglich erfahren, Fragen des Eigentumsrechts – die schon Rerum Novarum bewegten – eine zentrale Rolle. Solidarität würde sich darin beweisen, daß im Prozeß der deutschen Einigung eine solidarische Struktur des Privateigentumsrechts an Produktionsmitteln geschaffen wird. Nach dem Verständnis katholischer Soziallehre ist dieses Recht auf Privateigentum nachrangig, wenn es nicht der Schaffung von Arbeitsplätzen dient sowie dem Einkommenserwerb der arbeitenden Menschen und ihrem Zugang zum gesellschaftlichen Reichtum.

Eine solidarische Struktur muß auch bei der Verteilung der Lasten der deutschen Einigung entsprechend der Leistungsfähigkeit der Menschen in West- und Ostdeutschland gefunden werden.

Die Verteilung der Gewinn- und Lohneinkommen im wirtschaftlichen Aufschwung der letzten Jahre bei uns entspricht nicht einer solidarischen Struktur. Es ist ungerecht, wenn das Kapital, das von den arbeitenden Menschen geschaffen wurde, zum Geld- oder Sachvermögen einer Minderheit wird. Nicht nur das Gewinneinkommen, auch das Lohneinkommen kann für Investitionen zur Verfügung stehen. Es macht Sinn, den Aufbau der Infrastruktur in den ostdeutschen Ländern über eine breite Kapitalbildung der Arbeitnehmerinnen und Arbeitnehmer zu finanzieren und diese an den Erträgen zu beteiligen – Investiveinkommen!

Das Unternehmen – nicht nur eine Kapitalgesellschaft, sondern zugleich eine „Gemeinschaft von Menschen“, zu der als Partner sowohl das Kapital wie auch die Arbeit gehören (CA 91) – muß eine solidarische Verfassung erhalten. Es entspricht der Menschenwürde und der Beteiligungsgerechtigkeit, wenn diejenigen, die von wirtschaftlichen Entscheidungen betroffen sind, an der Vorbereitung, an den Entscheidungen selbst und an deren Durchsetzung aktiv beteiligt werden. Die Manager müßten ihre Geschäftsführung sowohl vor den Arbeitern als auch vor den Kapitaleignern verantworten.

Ein anderes Beispiel ist die *Asyl- und Ausländerpolitik.* Faktisch sind Millionen von Menschen in die Bundesrepublik eingewandert. Denn fast 5 Millionen Ausländer haben allein in Westdeutschland ihren Lebensmittelpunkt gefunden. Wir sollten uns in rechtlicher, wirtschaftlicher und kultureller Hinsicht mit ihnen solidarisch erweisen. Die nicht endende Diskussion über die Ausländerpolitik zeigt an, daß hier noch manche Defizite bestehen. Mehr noch: Sollten wir vor einer Migrationswelle ungekannten Ausmaßes stehen, so ist unsere Solidarität mehr als bisher gefragt – bis hin zu den rechtlichen Regelungen der Einwanderung, die bislang vielleicht zu stark vom Prinzip der Volkszugehörigkeit bestimmt sind.

Solche Beispiele zeigen, worin sich Solidarität beweisen könnte, die dann zur Grundlage einer ebenso freien wie gerechten Gesellschaft würde.

Solidarische Strukturen sind eine vorrangige Aufgabe bei der Ordnung des Europäischen Binnenmarktes. Politische Entscheidungen müssen wieder Vorrang vor wirtschaftlichen Interessen haben. Das Europäische Parlament muß aus seinem politischen Schattendasein heraustreten. Nicht nur der Arbeitsschutz, sondern die elementaren Koalitions-, Informations- und Beteiligungsrechte der Arbeitnehmerinnen und Arbeitnehmer, wie sie in der Europäischen Sozialcharta ursprünglich proklamiert werden sollten, müssen in Kraft gesetzt werden. Nicht nur die Spitzentechnologien der reichen Länder, sondern auch menschengerechte, beschäftigungswirksame Techniken für strukturschwache und problemreiche Regionen verdienen die Unterstützung durch die Gemeinschaft; dazu ist eine solidarische Finanzverfassung unverzichtbar.

Ich belasse es im Blick auf die *Probleme der gesamt- europäischen und weltweiten Entwicklung* bei einigen Anmerkungen. Wie können wir das Bewußtsein globaler Zusammengehörigkeit im Kontext der Wirtschaftspolitik verstärken? Schließlich muß eine solidarische Weltwirtschaftspolitik bei uns, im Industrieland Deutschland, beginnen. Ich denke an die Bereitschaft zur Öffnung der Märkte für Agrarprodukte der armen Länder wie auch an ein neues Bewußtsein für deren Interessen bei internationalen Handels- und Rohstoffabkommen.

Johannes Paul II. gibt in seiner neuen Enzyklika im Kontext „Welt-Wirtschaft und Entwicklungsländer“ einen konkreten Hinweis auf den Geist der Solidarität, die hier nottut, wenn er sagt: „Es braucht also ein großes Bemühen um gegenseitiges Verstehen, um Wissen voneinander und um Sensibilisierung der Gewissen. Das ist die ersehnte Kultur, die das Vertrauen in die menschliche Leistungsfähigkeit des Armen wachsen läßt“ (CA 52).

Eine Folgerung scheint mir sein zu müssen, die Konzepte der Entwicklungspolitik im Sinn einer „autogenen Entwicklung“ umzuformulieren: Nicht der Aufbau inselartiger Exportindustrien, die auf dem Weltmarkt konkurrenzfähig sind, sondern die Orientierung an den Grundbedürfnissen der Armen, also der Mehrheit der Bevölkerung, und der Aufbau eines eigenständigen Wirtschaftskreislaufs, an dem Landwirtschaft, Handwerk, industrielles Gewerbe und genossenschaftliches Kreditnetz beteiligt sind, müssen vorrangig in den Blick geraten.

Schließlich: *Die weltweiten Ökologieprobleme* zeigen, wie sehr wir das Gefühl der Gemeinsamkeit, der einen Welt der Menschen nötig haben.

Sich auf das „Gebrodel“ einlassen

Kirche in moderner Gesellschaft

Kirche und moderne Gesellschaft stehen in einem Spannungsfeld. Ich meine Spannung zwischen dem pluralistischen Charakter der modernen Gesellschaft und dem Anspruch der Kirche, absolute Wahrheiten und unverrückbare Normen zu verkünden. Während in der wertpluralen Gesellschaft die Verbindlichkeit von Normen aus der Fairneß des Verfahrens, das zur Normfindung führt, begründet wird, wagt die Kirche vorgängig zum und unabhängig vom gemeinsamen Entscheidungsprozeß inhaltlich zu bestimmen, welche Normen den einzelnen Menschen und die menschliche Gesellschaft binden.

Andererseits stoßen die fortwährende Ausdifferenzierung der Gesellschaft sowie die beschleunigten Individualisierungsschübe an deutliche Grenzen. Je mehr die Teilsysteme der Gesellschaft der eigenen, nämlich partikulären Rationalität folgen und je mehr einzelne Teilsysteme unter die Dominanz beispielsweise des wirtschaftlichen oder des staatlichen Teilsystems geraten, um so mehr geht die Orientierung an der umfassenden Vernunft der Gesellschaft verloren. Die 80er Jahre haben in Ost- und Mitteleuropa die Funktionsschwäche des von einer Partei durchorganisierten Staates offenbart. In Westeuropa wird das menschliche Defizit einer von der einzelwirtschaftlichen Rentabilität beherrschten Gesellschaft beklagt. Die herkömmlichen Leitsysteme, Staat und Wirtschaft, scheinen also nicht mehr in der Lage, die Vernunft des Ganzen zu garantieren. So wird die Sehnsucht spürbar, ob nicht die soziokulturellen Lebenswelten sowie die religiös-ethischen Institutionen eine Art Systemführung übernehmen könnten. So richten sich ziemlich hohe Erwartungen auch wirtschaftlicher und staatlicher Führungskräfte an die Kirchen.

Die Kirchen können diesen Erwartungen allenfalls gerecht werden, wenn sie zugeben, daß sie keinen privilegierten Zugang zur kollektiven Erfahrung, zur theoretischen Analyse, zu den ethnischen Optionen und politischen Wegen haben, daß sie gegenüber ihren Mitbürgerinnen und Mitbürgern über keine außergewöhnlichen Quellen des Wissens und des Interesses verfügen, um die komplexen wirtschaftlichen und sozialen Fragen zu lösen. Außerdem können sie nicht in der Rolle des wissenden Oberlehrers oder mit dem ausschließenden Anspruch auftreten, über die Quellen der vollen Wahrheit gesellschaftlicher und wirtschaftlicher Zusammenhänge zu verfügen. Sie können sich aber dennoch qualifiziert am gesellschaftlichen Dialog und an den kollektiven Entscheidungsprozessen beteiligen, ohne vorweg bestimmen zu wollen, welches inhaltliche Ergebnis jeweils zu erreichen ist.

Das können sie! Denn die Kirchen können ihre eigene Geschichte im Umgang mit der Person des Jesus von Nazareth sowie ihre spezifischen Erfahrungen in der Auseinandersetzung mit seiner Botschaft in den gesellschaftlichen Dialog einbringen: die Achtung vor dem Leben, das Bewußtsein der Personwürde eines jeden Menschen, das Gebot der Gewaltlosigkeit und das Engagement für den Frieden, die Option für die Benachteiligten und den Vorrang des Menschen vor lebensbedrohenden Strukturen. Die Teilhabe und die Bestimmung der Güter dieser Welt für alle! Wenn sich die Kirchen mit diesen Leitbildern am gesellschaftlichen Dialog beteiligen, gestalten sie den Entscheidungsprozeß praktisch zu einem Verständigungsprozeß um. Sie übernehmen für die Gesellschaft als Ganze eine dialogische bzw. kommunikative Funktion, durch welche die Achtung der unveräußerlichen Würde wirklich jedes (auch des ärmsten) Menschen als Angelpunkt für die Gesellschaftsgestaltung, d. h. auch für die

Politik in einer Gesellschaft und in der Welt zum Tragen kommen kann.

Auf die Kirchen – auch wenn man sie zunächst nur als religiös-kulturelle „Teilsysteme" der modernen Gesellschaft verstehen will – kann nach der Erosion des Steuerungspotentials von Wirtschaft und Staat die große Verantwortung zukommen: Dialogräume und Gesprächsrunden anzubieten, in denen eine interdisziplinäre und systemübergreifende Verständigung ermöglicht wird. Wenn und insofern sie nicht in gesellschaftliche und nationale oder kontinentale Teilinteressen verwickelt sind, können sie frei die Perspektive der ganzen Gesellschaft, der ganzen Welt und infolgedessen die Perspektive der in der Gesellschaft, in der Welt Benachteiligten zur Geltung bringen. Darin mag sich ihre Lehrkompetenz in sozialen Fragen vollenden!

Und die Kirche sieht sich in diesem ihrem Dienst immer wieder ermutigt, weil sie sich eben nicht nur auf rein menschliche Grundlagen stützt, sondern darüber hinaus auf die Lehre Christi, des Erlösers, der – nach einem Wort von Johannes Paul II. – allein in der Lage ist, jenes angeborene und ununterdrückbare Verlangen nach Gerechtigkeit, Brüderlichkeit und Frieden zu befriedigen und zu verwirklichen, das dem Tun einer jeden Person zugrunde liegt und seine Richtung bestimmt.

Die christlichen Kirchen dürfen allerdings nicht der fatalen Neigung erliegen, sich selbst als Teil des Ensembles „gesellschaftlicher Kräfte" zu verstehen. Fatal ist die Neigung deshalb, weil eine solche Betrachtung von dem in ihr (der Kirche) repräsentierten Inhalt gerade absieht. Solange die christliche Kirche an ihrem für sie konstitutiven Wahrheitsanspruch festhält, kann sie sich nicht als Repräsentanz eines „religiösen Bedürfnisses", als „Weltanschauungsgemeinschaft" usw. verstehen, sondern muß sich verstehen als Ort einer absoluten, den staatlichen Anspruch überbietenden Öffentlichkeit unter dem legitimierenden Anspruch Gottes – auch wenn dieses Selbstverständnis in der Sphäre des staatlichen Rechtes keine adäquate Darstellung finden kann. Davon in Toleranz und ohne Besserwisserei ein dennoch unbedingtes Zeugnis in der säkularen pluralistischen Gesellschaft zu geben, ist Auftrag der Kirche und ihrer Soziallehre.

Die Liebe Jesu Christi muß sich darum in der harten Wirklichkeit unserer Gesellschaft, unserer einen Welt verwirklichen! Sie (die Kirche) ist nicht für sich, sondern für das Heil der Welt da, und das Reich Gottes will sich mitten in den säkularen Strukturen dieser Weltgesellschaft durchsetzen. Die Kirche kann sich darum ihres Auftrages nicht durch moralische Zwischenrufe in der zeitgeschichtlichen Arena entledigen, auch nicht allein durch Verkündigung von Prinzipien und Normen, so wichtig auch das ist und bleibt. Die Kirche muß vielmehr in Fleisch und Blut der jeweiligen Gegenwart eingehen, sich in das ganze „gesellschaftliche Gebrodel“ einlassen, aber eben als Kirche, die ihrem Herrn nachfolgt in wirklicher und redlicher Zeitgenossenschaft.

Dafür ist sie „kompetent“, das steht ihr zu, das ist ihr aufgegeben!

Christsein hat politische Konsequenzen

Für die gerechte Verteilung der Lebenschancen

Diese Weihnacht und dieser Jahreswechsel haben ihre besondere Dramatik. Für unumstößlich gehaltene Systeme zerbrechen. Wir alle stehen geradezu fassungslos vor diesen Umbrüchen. Fragen kommen auf: Wie soll das vielleicht in absehbarer Zeit vereinigte Deutschland, wie soll das erneuerte Europa aussehen? Welche Gestalt wird es annehmen? Wir spüren alle, daß wir werden „teilen" müssen. Sind wir dazu imstande, bereit?

Manche fragen: was haben wir als Kirche, als Christen in dieser Umbruchsituation zu tun? Hat Christsein überhaupt politische Konsequenzen? Es erscheint sinnvoll, gerade zu Beginn des neuen Jahres, erst recht angesichts der politischen Veränderungen auf unserem Kontinent, darüber nachzudenken.

■ *1. Hat Christsein politische Konsequenzen?*

1.1 Was heißt „Christsein"?

Karl Rahner hat in den letzten Jahren seines Lebens wiederholt gesagt: „Der Christ der Zukunft wird ein Mystiker sein oder er wird nicht sein." Was heißt das: der Christ ist ein Mystiker? Das Wort „Mystik" ist ja schillernd: Manche verstehen darunter einen Menschen, der mysteriös erscheint, in sich gekehrt und gerade eher unpolitisch. Das Wort „Mystik" bedeutet von seinem griechischen Ursprung her „Geheimnis". Der Mystiker ist einer, der mit einem „Geheimnis" in

Verbindung steht. Das deutsche Wort Geheimnis enthält nicht zufällig das Wort „Heim". Der Mystiker ist einer, der in einem Geheimnis daheim, zu Hause ist. Das Geheimnis aber, das dem Mystiker Heimat gibt, ist der lebendige Gott selbst. Das Herzstück der Mystik ist somit ein lebendiges Ineinander von Gott und Mensch.

Ist das denn möglich? Die Bibel kennt dieses mystische Ineinander sehr wohl. Paulus spricht vom „Sein in Christus". Der Mensch wird in der Taufe hineinbegraben in Christus, um mit Ihm aufzuerstehen. Der Christ ist so „eingewurzelt in Gott", hat seine Wurzeln, von denen her er lebt, in Gott und findet so festen Halt und Nahrung.

Wenn wir sagen, „der Christ der Zukunft wird ein Mystiker sein oder er wird nicht sein", dann meinen wir, daß in Zukunft nichts anderes mehr das „Christsein" tragen wird als die persönliche Einwurzelung des einzelnen in Gott. Alle anderen Wege zum Christsein – z.B. Brauchtum, Gewohnheiten, Kultur – werden in einer säkularistischen Welt nicht mehr ausreichen, nicht mehr tragen. Daß das so ist, spüren wir doch alle!

1.2 Hat nun dieser Christ, der Mystiker (in Gott Eingewurzelter) ist, etwas mit Politik zu tun? Was meinen wir überhaupt, wenn wir von „Politik" sprechen? Vielen gilt Politik als „schmutzige Angelegenheit", mit der man am besten nichts zu tun hat. Wir alle wissen von der verbreiteten Politik-Verdrossenheit bei uns. Was meint „Politik"? Nun, Politik hat mit dem „Gemeinwohl" zu tun oder, anders ausgedrückt, mit der gerechten Verteilung der „Lebenschancen" für alle in unserer Welt. Und dann wird auch schon erkennbar, wie wichtig heute Politik für das Überleben der Menschheit ist. Ohne mehr Gerechtigkeit kann es keinen wahren Frieden geben, der diesen Namen verdient. Ohne mehr Gerechtigkeit der Schöpfung gegenüber wird der Lebensraum des Menschen zerstört werden.

Hat nun der Christ, der Mystiker, der in Gott Eingewurzelter ist, etwas mit Politik zu tun? Und ob!

1.3 Je mehr ein Mensch in Gott eingewurzelt ist, desto mehr lernt er Gott kennen, desto mehr bekommt er es mit dem Gott zu tun, der alles andere als un-politisch ist. Für Jesus, an dem wir am verläßlichsten erkennen können, wie Gott ist und worum es Ihm geht, war die Zuwendung zu denen, um deren Lebenschancen es schlecht bestellt war, Hauptprogramm. Zu Beginn seines öffentlichen Wirkens sagte er: „Der Geist des Herrn ruht auf mir: der Herr hat mich gesalbt. Er hat mich gesandt, damit ich den Armen eine gute Nachricht bringe; damit ich den Gefangenen die Entlassung verkünde und den Blinden das Augenlicht; damit ich die Zerschlagenen in Freiheit setze." Und Johannes sagt später aufgrund seiner Erfahrungen mit Jesus lapidar: „Wer seinen Bruder nicht liebt, den er sieht, sich um dessen Lebenschancen nicht kümmert, kann Gott nicht lieben, den er nicht sieht."

Wer in Gott eingewurzelt ist, mit Gott lebensmäßig in Berührung kommt, Ihn besser kennenlernt, muß Gott als einen achten, der das Unrecht erkennt, Ihm gegenüber nicht neutral ist, sondern sich stark macht für Opfer des Unrechts und gegen deren Verursacher. Ob wir uns dessen gegenüber bewußt sind? Gestützt auf eine Umfrage unter deutschen Katholiken und Protestanten hat ein Meinungsforschungsinstitut kürzlich festgestellt, daß wir an einen „pflegeleichten Gott" glauben, an einen Gott, der alles segnet, einschließlich der Unrechtsordnungen. Das ist nicht der Gott, den Jesus Christus offenbart hat. Das Alte und Neue Testament spricht von „himmelschreienden Sünden", von Sünden, die stets mit einer Bedrohung oder Vernichtung von Lebenschancen anderer zu tun haben; Sünden sozialen Unrechts also. Eben diese Sünden „schreien zum Himmel" und finden bei Gott Gehör. Zum Himmel schreit das Blut des gemordeten Abel (Gen 4.10), das Unrecht, das die verderbene Bevölkerung Sodoms Fremden angetan hat (Gen 19,13), das unterdrückte

Volk Israel in Ägypten (Ex 3,7-10); zum Himmel schreien die ausgebeuteten Fremden, Witwen und Waisen (Ex 22, 20-22) sowie die Arbeiter, denen der ihnen zustehende Tageslohn vorenthalten wird. Immer geht es darum, Gott als einen zu achten, der das Unrecht erkennt, ihm gegenüber nicht neutral ist, sondern sich stark macht für die Opfer des Unrechts und gegen deren Verursacher. Gott ist einer – das wird die Bibel nicht müde zu sagen –, der sich längst vor uns auf die Seite der Opfer des Unrechts gestellt hat. Daraus folgt, daß gar nicht mit Gott in Berühung sein kann, wer Gott nicht auf dessen Weg zu den Armen, Benachteiligten folgt, also den Einsatz Gottes für die Opfer des Unrechts nicht teilt.

Anders formuliert: je mehr ein Mensch in Gott einwurzelt (je mystischer er ist), desto mehr wird er sich für eine gerechtere Verteilung der Lebenschancen stark machen (desto politischer ist er). Zum Wesen der wahren Mystik (der Gottes-Einwurzelung) gehört es, daß sie den Menschen politisch macht (zum Einsatz für die anderen drängt).

■ 2. *Eine aus der Mystik sich nährende politische Kultur*

Wie sieht nun eine aus der Mystik (Gottes-Einwurzelung) gestaltete politische Kultur aus? Wir können hier nur einige Elemente nennen:

(1) Ein erstes Element einer aus der Mystik geborenen politischen Kultur ist die grundlegende Überzeugung, daß jeder Mensch eine unantastbare Würde hat. Da jeder Mensch von Gott geliebt und letztlich auf Gott hin erschaffen ist, darf kein Mensch anderen Menschen oder gar der Macht oder dem Reichtum untergeordnet werden. Es ist dann auch politisch unzulässig, den Menschen praktisch zu reduzieren, zu verkürzen: in der Wirtschaft auf ein Bündel steuerbarer Bedürfnisse, in der Verwaltung auf einen bloßen „Fall“, in

der Medizin auf ein reparaturbedürftiges Wesen, in der Gentechnologie auf Biomasse. Jeder Mensch ist Bild Gottes, ist Gott unmittelbar.

(2) Ein zweites Element einer aus der Mystik sich nährenden politischen Kultur ist die Aufmerksamkeit: Von Gott sagt der Exodus-Bericht: „Gesehen, ja gesehen habe ich das Elend meines Volkes in Ägypten. Gehört, ja gehört habe ich die Klage über ihre Antreiber. Ich kenne ihr Leid" (Ex 3,7). Gott ist Auge und Ohr, ja geradezu intim mit dem Leid der Unterdrückten. Eine chassidische Geschichte bringt das trefflich zum Ausdruck. Da sagt einer zum anderen: Ich liebe dich. Dieser erwidert: Wie kannst du sagen, daß du mich liebst, wenn du nicht weißt, was mir fehlt. Kennen wir Christen die vielen Leidensgeschichten der Menschen rund um uns, in der einen Welt, hören wir das Seufzen der bedrängten Schöpfung?

(3) Ein drittes Element solcher aus der Mystik geborenen politischen Kultur ist die Bereitschaft, Stellung zu beziehen, parteiisch zu sein, sich nicht herauszuhalten; Gott in den Leidenden wiederzuerkennen, bereit zu sein, mitzuleiden. Für jene eintreten, deren Lebenschancen nicht ausreichen zu einem würdigen Leben; da Stellung zu beziehen und sich eben nicht herauszuhalten schafft nicht nur Freunde, wohl aber Leid. Solche Bereitschaft zum Mitleiden – wie könnte es anders sein – gehört zu einer aus der Mystik (Gotteseinwurzelung) kommenden politischen Kultur.

Eine solche der Einwurzelung in Gott (Mystik) entspringende politische Kultur tut not. Sie ist uns allen aufgegeben, erst recht in dieser Stunde der Umbrüche in unserem Vaterland und in Europa. Ihre Voraussetzung ist unsere Einwurzelung in Gott; wir müssen mit Gott in uns in Berührung kommen, unser Leben als eine Geschichte mit Ihm entziffern lernen, Gott in unserem Leben erspüren. Dazu gehört auch das gemeinsame Sich-Einlassen auf das Wort Gottes, die Heilige Schrift, die uns aus der tragischen Versuchung befreit, uns Gott so herzurichten, daß Er uns nicht mehr stört, dann aber auch nicht mehr freimacht.

Frömmigkeit und politischer Einsatz gehören zusammen, sind für einen Christen untrennbar. Das haben die alttestamentlichen Propheten und nicht zuletzt Jesus selbst unermüdlich deutlich gemacht und gelebt: „Frömmigkeit am Menschen vorbei“ - das geht nicht. „Barmherzigkeit will ich, nicht Opfer“, hat Jesus wiederholt und sehr nachdrücklich denen gesagt, die ihm nachfolgen.

Und einig, die wir am Beginn des letzten Jahrestages dieses aufregenden Jahrzehnts leben dürfen, am Beginn eines Jahrzehnts mit dem Beginn unabsehbarer politischer Veränderungen, spüren wir nicht alle, daß Sein Wort uns in dieser Stunde meint? „Mystik und Politik gehören zusammen, bei Ihm und bei denen, die ihm nachfolgen werden.“

Textnachweise

Gott steht nicht abseits
Predigt bei der Synodenvorausversammlung am 24. Februar 1989
Glaube in der Krise
Beitrag für die Kirchenfunkredaktion im Hessischen Rundfunk, Ostern 1991
Glaube als „Leidenschaft für das Mögliche"
Predigt für den Ordenstag am 10. Mai 1990
Glauben ist Handeln
Eröffnungsreferat aus der österreichischen „Rerum novarum" – Jubiläumsveranstaltung der Österreichischen Kommission „Iustitia et pax" am 11. Oktober 1991 in Wien
Gott wirkt durch uns
Predigt zur Eröffnung der 2. Sitzungsperiode der Diözesansynode am 19. November 1989
Solidarisch miteinander umgehen
Vortrag in der Katholischen Studentengemeinde in Göttingen am 22. Januar 1992 (Auszug)
Einander menschlich begegnen
Predigt zu Silvester 1990
Dem Gemeinwohl verpflichtet sein
Vortrag in der Katholischen Studentengemeinde in Göttingen am 22. Januar 1992 (Auszug)
Gott sorgt sich um unser Leben
Predigt zum Ostersonntag 1991
Freiheit und Gerechtigkeit realisieren
Vortrag in der Katholischen Studentengemeinde in Göttingen am 22. Januar 1992 (Auszug)
Sich auf das Gebrodel einlassen
Vortrag in der Katholischen Studentengemeinde in Göttingen am 22. Januar 1992 (Auszug)
Christsein hat politische Konsequenzen
Predigt zu Neujahr 1990